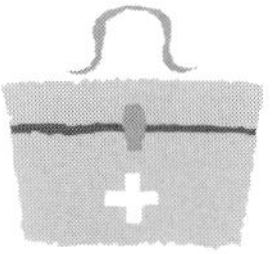

オトナの保健室

セックスと格闘する女たち

朝日新聞「女子組」取材班

集英社

はじめに

女性の生きがたさを考えるとき、セックスは身近で重要な視点です。にもかかわらず、新聞紙上ではほとんど語られてきませんでした。子育ての責任の偏在、職場での差別、女性の政治参画の必要性などは、たびたび取り上げられているのに。

本書は、朝日新聞夕刊（東京本社版と大阪本社版）で２０１５年４月に始まった企画「オトナの保健室」を再編集したものです。セックスレス、不倫……、これまで腰が引けていたテーマに、真正面から向き合う紙面づくりに挑んできました。

企画の核は、読者の皆さんから寄せられた投稿です。そのほとんどが女性から。ときには明け透けなご自身の性体験や恋バナをつづっていただき、担当記者は考え込まされたり、のけぞったり。パートナーとすれ違うつらさ、悩みの深さに触れ、人生と下半身は不可分だと痛感させられました。

これほどまでに私たちを揺さぶるセックスって何なの？　いま一度、立ち止まって見つめ直してみませんか。

朝日新聞「女子組」取材班

オトナの保健室

セックスと格闘する女たち

目次

第2章 不倫

第3章 女の性意識

第4章 セクハラ

第5章「したい人」「したくない人」
～日本の女のセックス事情、百年前から現代まで

朝日新聞大阪本社生活文化部　桝井政則

装画／本文漫画
田房永子

装丁／本文指定
今井秀之

題字ロゴ／本文漫画データ
朝日新聞社提供

第1章　セックス

日本家族計画協会が２０１６年に行った調査では、結婚している16～49歳の男女（１２６３人）のうち、一ヶ月性交渉がない「セックスレス」の割合が過去最高の47・２％だった。

前回２０１４年調査に比べ２・６ポイント増え、調査を始めた04年からは15・３ポイントの増加。男性は47・３％、女性は47・１％と男女差はなく、年齢別では男女とも45歳～49歳が最も高かった。

セックスに積極的になれない理由としては、女性が「面倒くさい」（22・３％）、「出産後なんとなく」（20・１％）、「仕事で疲れている」（17・４％）。男性は「仕事で疲れている」（35・２％）、「家族（肉親）のように思えるから」（12・８％）、「出産後、何となく」（12・０％）となっている。

1 ごぶさた47％どう思う？

セックスは、パートナーとの大切なコミュニケーションの一つであるはず。しかし、日本はセックスの頻度も満足度も各国に比べて断トツに低い。そんな現状を踏まえ、産婦人科医の宋美玄《ソンミヒョン》氏に話を聞いた。

宋美玄氏（産婦人科医・医学博士）

添い寝で満足？

既婚者のセックスレスが47・2％。驚きませんね。女性側の理由の1位「面倒くさい」には、複合的な要因があると思います。

確かに面倒くさい面もある。でも、それを上回る何かがあるからする。なのに、しなくなっているのはなぜなのか。

そもそもセックスは2人の気持ちが一致したときにするもの。現代は、平均初婚年齢が上がって、ノリノリでする年齢を過ぎて結婚する。子どもが欲しいからというセックスは、ある意味、特別なこと。そろそろ排卵日よ、あなたよろしくねと。欲望が多い世代の2人は自然に子どもができやすいが、欲望が下がってきた世代の2人が子どもをつくろうとすると、互いに求めて心のままにすることが遠くなっていく。

20代でも「彼も自分もしたくない。抱き合ってるだけでいい。レスっていけないことなの？」という人が結構います。肌が触れ合ってればいいじゃないのと。ソフレ＝添い寝フレンドで満足なんです。

それに昔は、「○○と申しますが、□□さんいますか」と彼女の家に電話するコミュニケーション能力が必要でした。LINEがコミュニケーションのツールとなってから、今や「ゴメン」もスタンプ。ゴメンも口頭で言えない人が機微の必要なセックスの誘いができるのか。

イヤという人も

少し上の世代には、「面倒」どころか「イヤ」という人も少なくないですね。20歳くらいの子どもがいる夫婦の妻から「私は（しなくて）いいのに」という相談がよくあります。聞くと、「子育てを手伝わなかったのに夜だけ求めてきて許さないぞ」と。

要は、世の中には断られているダンナが多いってこと。世間のレス特集は夫をその気にさせる方法に話が集まるけれど、どう断るかを載せてほしいと言ってました。

男性は男性で気の毒なところがある。過労で全欲求が低下している夫も目立ちます。夫婦で相談にくる男性も「なるべく妻としたいんですが」と言うけれど、よく聞くと休みが月1日とか。だいたい夜8時、9時まで仕事して帰って朝は6時起き。目覚まし時計を合わせるとき、あと6時間半後に起きなあかんと思うと、そこでセックス？　あり得ない。次の日が休みだといいけれど、2人の休みが合わない。

お互いの気持ちの一致以前に時間が合わず、日本の既婚者のセックスレスは進むばかりと言えます。

読者のモヤモヤ

結婚して5年。1年目は子どもを望んでいたのでそういう行為がありました。不妊治療をするようになって、それは義務のようになりました。多忙な時期も重なりぎくしゃくしましたが、**子どもを諦めた今はストレスフリー。**セックスレスですが仲の良い関係です。肩のもみ合いやスキンシップがあるので、寂しい気持ちもありません。

（39歳　自営業）

服脱いで、また着て。これがめんどくさい。毎日ハグしてもらっているから、危機感ありません。**セックスはしないといけないの？**

（40歳　主婦）

「疲れてるし」と断ることがある。でも、一気に打破してくれるのは雰囲気や相手の格好や誘い方。ジャージーではなくスーツだったり、照明を暗くしてくれたり。**好いている者同士でしかできないコミュニケーション。**大切にしたい。

（27歳　主婦）

新婚当時のわたし
週3回くらいするもんなんだろうなっ
と思っていたら
わくわくっ
結婚前より激減!!!
zzz
なんで?なんで?
ショックで泣いてました
いろんなことを試しました
週5で牡蠣料理!
山いも
オイスター炒め
生がき
カキフライ
急に浴衣を着てみる
ランジェリー購入
リンパマッサージを勉強
リンパ
目立った効果はなく…
いつのまにかそんな気持ちもなくなって
7年経過…
だら〜ん
産後太り
今になって夫が
もっとたくさんしよう!
はあ?!
男心ってなんなの?!

2 どうして拒むの？

エピソード❶ 仲良くしたいのに

■結婚12年目の39歳。息子2人を育てながらパートで働く。元々淡泊だった8歳上の夫とは出産を機にセックスレスに。

「全然してないよね」と気づいたのは下の子の授乳が終わった3年ほど前。少し余裕ができて、モヤモヤが始まった。私の方がしたい気持ちがあって、でも年1、2回しかなくて。「もっとセックスしたい」。1年ほど前、思い切ってストレートに伝えてみました。「最近してないよね。私、寂しいんだよ」。そう言ったら、「俺だってそうだったんだよ」。でも、状況が変わることはありませんでした。

ママ友は子どもを寝かしつけた後、夫が帰ってきたときにもう一度起きてるって言ってたな。私は夫婦で話し合ったり、触れ合ったりする大人の時間をつくれなかった。だから、こうなっても仕方ないのかな。

最近、女性向けのアダルトサイトを見て刺激的だと思った。リアルなセックスへの気持ちが消えたわけではない。

どうすれば、また仲良くできるようになるんだろう。夫は年齢的にも難しくなっているのかな。女として努力したら、また燃え上がってくれるんでしょうか。夫は今、どんな気持ちでいるんだろう。

エピソード❷ 夫「もう店じまい」

■女子中高、短大育ち。24歳で見合い結婚したときバージンだった。相手は10歳上。まもなく妊娠し、子どもをひとり育てた50歳主婦は、8年間していない。

夫は仕事はやり手で英語ペラペラ。だけど性生活の経験は浅いようで、とにかく痛くて。でも私が悪いんだと、夫婦生活の本を読んで勉強しました。産後は年1回、2年に1回と間遠に。42歳のときが最後です。

ひらひらレースの下着も浴衣も試したけれど、夫は「おまえ変態か!」って。40代半ばで、思いあまって風呂上がりに素っ裸で夫のベッドにすべりこもうとしたら、はねのけられた。「僕はもう店じまい」って。

それほどイヤだというのにこれ以上お願いしたら、夫への精神的強姦になる。もうしないのが彼への最後の愛情。私の女性性を棺桶に入れ、くぎを打ちつけたんです。

男になろう。宝塚の男役のようにパリッとしたシャツにパンツで足を広げて座り、タバコも吸って。

でもある日、鏡に映る自分の姿を見て、泣けて泣けて。なんてきれいなんだろう。この体をもう誰も愛《め》でてくれないのか。私は何のために純潔を守ってきたのか。

一昨年、乳がんの手術をしました。私の体に夫が触れることはありません。ジムで知り合った年上の男性にひかれて。恋をしちゃった。一生に一度ぐらい、ほれた男に抱かれてもバチはあたらないよね……。だけど傷痕の残る胸。半年悩んで、踏みとどまりました。

いい年になって、この気持ちをどうおさめていいかわからない。娘を産むまでは私も娘で、産んでからはずーっと母。「女」になったことがない。

誰でもいいから、私を助けて。

セックスについて語り合って

南和行氏（弁護士）

同性愛を公言し、性について発信しています。そのためか離婚相談の大半が女性で、座って5分で性の話になる人もいる。感覚的に半分くらいの相談者がセックスの話や悩みを何かしら抱えている。

一番のモヤモヤは「私は大切にされてなかったんだ」という思い。家事育児をしてきて「ありがとう」や「きれいだね」と言われたこともない。したくないのに応じる人もセックスレスの人も「私は何？　私じゃなくてもよかったのね」となる。

残念なのは、調停や裁判で夫が「僕の愛情表現が下手だったんだ」とショックを受けるのは皆無で、「何が気にくわないの？」と冷たい態度。そんな男性にとってセックスとは何なのか疑問です。

セックスレスの場合、男性が完璧でなければならないと思い、苦手意識を抱えているのかもしれません。「セックス忘れてた」はあり得ない。本当にいい夫なら妻の気持ちに気づく。

パートナーとセックスについて語ってほしい。思い込みに気づき、2人で楽しむ方法を探せばいいのです。

3 無理強いしないで

エピソード❶ イヤイヤ応じて……

■8歳と5歳の子どもがいる36歳の女性。長女を産んだ後、生理的にセックスを受け付けなくなった。夫に伝えたが、頻繁に求めてくる。

何が原因か、自分でもわかりません。出産した後、突然、セックスが苦痛以外の何ものでもなくなりました。でも、夫は週に1度は求めてくる。拒み続けるとイライラして、物にあたったり悪態をついたり。「家から出て行け」とまで言われました。

仕方なく、いまは月に1、2度、イヤイヤ応じています。している最中は嫌悪感しかない。実際はこんなものではすまないのでしょうが、レイプされている気分に陥ります。屈辱と無力感でいっぱいに。ひたすら早くこの時間が過ぎてほしいと祈りながら、終わるのを待ちます。

最中に「愛してる」とささやかれたときは、叫びたいのを必死で抑えました。本当に愛しているなら、相手が心底嫌がることは絶対にしないはずでしょう。

「そんなに嫌だったら、我慢するね」。そんな風に歩み寄ってくれたら、私から「しようか」と言う気持ちになるかもしれない。でも夫はといえば、「本当は3日に1度したいけど、お前が嫌がるから我慢してやってる」。

こんな状態で夫婦の仲がうまくいくわけはないですよね。ほかにも色々とゆがみが出てきて、しょっちゅうぶつかって言い争いになります。

子どものために、いまは夫と暮らす努力をしています。でも子どもの手が離れたら離婚したい。その日に向けて、資格取得などの準備をしようと考えています。

エピソード2　「産むな」なら、なぜ

■20代で結婚。夫に求められ、一晩に2度も珍しくなかった。フルタイムで働いている上に、家事と3人の子の子育てでクタクタなのに、家事を一切しない夫は元気モリモリ。72歳の女性は振り返る。

「しんどいからやめて」。思いあまって告げると、平手打ちされました。その屈辱は忘れられません。

4人目を妊娠したときです。夫は「おふくろに相談してくるわ」と姑のもとへ。そして、「おふくろが『子守はもう無理』と言うし、あきらめてくれ」と。保育所の送り迎えも私

がしていたし、姑に頼り切っていたわけではありません。でも、姑に「ノー」と言われれば、強硬に産むことはできなかった。

産むなと言うなら、なぜ宿した？

腹の中が煮えくり返りました。

一人で中絶の手術を受けに行きました。夫は仕事で知らんぷり。お医者さんからは「安静に」と言われたけれど、仕事は休めません。重いものを運んでいて、血のかたまりがドクドクおりるのがわかりました。

「こいつ、不感症なんだ」。親類の前で夫に辱められたこともあります。

二度と中絶したくなかったので、「もう応じない」と夫に宣言。30代でセックスレスになりました。

中絶させられたとき、離婚すればよかったと悔やんでいます。3人の子を父のいない子にしたくなかった。でも、生まれてくる子の命を奪ってしまった罪悪感は、今も消えません。

パートナーとの関係を見直して

周藤《すとう》由美子氏
（フェミニストカウンセラー）

性暴力もDV（ドメスティックバイオレンス）の一つです。夫婦の関係について内閣府の調査では、「いやがっているのに性的な行為を強要する」ことを「暴力にあたる」と認識している男女は8割近くいました。また6割は、「避妊に協力しない」ことも「暴力にあたる」と認識していました。

身体的暴力や「お前はクズだ」などと暴言を受けているのに、夜になるとセックスを強要されることが耐えがたかったという相談を受けたことがあります。相手は愛情表現のつもりでも、気持ちを尊重されないままでは性的な暴力といえます。その意識のギャップは深刻です。

パートナーとの関係を根底から見直さないと、セックスだけ仲良くはできません。暴力や、仕方なく応じる関係がすでに固定化してしまっている場合、関係性を変えるのは簡単ではありません。一人で抱えこまず、まずは身近な女性センターなどに相談してください。

その気にならないときには遠慮せず断っていい。我慢し続けると、自分が大切な存在だという感覚が希薄になります。自分の心や体を大切にしてあげられるといいと思います。

20年前、女子校の保健体育の授業で恐ろしいビデオを見せられた
暗〜い高校生カップルが妊娠
暗〜い産婦人科に行ってお先真っ暗……という内容
当時 たたきこまれた教え
自分の身は自分で守れ
性的に挑発するダメな格好
傷つくのは女!!!
男はいつでもどこでもしたがる
確かにこういうことは教えなきゃいけない
だけど……
20代30代も同じ考えでいくとこういった事態も起こる…
ほら いいわよ
男はいつでもしたいんでしょ
いや別に結構です
え?
なんで?!
なによりも
男は常に発情してるが女はそこまでではない
性教育
という暗示が入っちゃってるから
したくて仕方ない時どうしていいのか分からな〜い

庭いじりが好きな夫
夫婦関係がギスギスしている時は
ケッ
辛気くさい花植えやがって
なぜか庭がいまいましく見える
メールで本音ぶつけてくれてありがとう
君の気持ち考える余裕なくて……ごめんね
仲良くしよう
気持ちが通じると
急に庭がかわいく見える
日々草植えたのね
セックスも同じだと思う
普段大切にしてくれれば印象がだいぶちがう！

読者のモヤモヤ

育児でへとへとなのに断るといじけたり、やけ酒を飲んだり、壁に生卵をぶつけたり。普段温厚な夫だけに、変貌ぶりが心の傷になっています。家事を頑張り、夫に合わせて生活しても、気持ちが伝わらないんだと思うと空しくて。**こじれるのが面倒で我慢して応じています。**男性雑誌に生涯現役なんて書いてあると、ぞっとします。

（49歳　パート）

子どもが苦手。したくても、できたら困ると昔から思ってました。**妊娠が嫌でレス**って結構あるのでは。他に楽しみもあり、わが家は穏やかです。

（46歳　パート）

私はレス希望。疲れているときに、胸に手を伸ばしてくる夫。家事に協力しないのに。**そんな暇あったら皿でも洗ってほしい。**私は大切にされていないと思う。でも、拒んで「嫌いになったのか」と絡まれるのも面倒で、じっと耐えています。

（49歳　会社員）

男にも言わせて！

若いころはイケイケで1日に何度もしていたのに、いまは年に1、2回。ある日、妻に「私は元々セックスが好きじゃなかった」と言われ、衝撃を受けました。数年前、妊娠を気にしなくていいように手術までしたのに……。欲求不満は食欲にすり替わり、気づけば20キロ太りました。**人生の半分くらい無駄にしている**ような気がします。

（42歳　男性　会社員）

妻はセックスが好きではなく、**子づくりも「この日」と指定。**「好き合っているならしなくてもいい」と。夫婦円満のためには必要だと思うのですが。

（44歳　男性　会社員）

妻は「セックスは繁殖目的でよろしい」派。特に閉経後は痛がって拒みます。私は**我慢して自慰します。**でも、これも人生の面白さ。ミスマッチが人生ですね。2人とも同じ考えなのが幸せと思ってしまいがちですが、人それぞれですから。

（71歳　男性　無職）

4 すれ違い 男も悩んでる

エピソード❶ 求める僕が悪いの？

■夫は44歳、妻は47歳。ともにフルタイムの専門職に就き、休みが合うのは月1回ほど。夫は意を決して誘うが、「子どもが起きたらどうするの。そんな気になれない」と拒まれる。全否定された気持ちになる。

3人目の子が生まれてからかな、妻に受け入れられなくなったのは。家事は何でもやってきたんです。掃除や洗濯、泊まりの勤務から帰宅した後でも夕食をつくります。

これだけやっているのに、何で応じてくれないのか。小間使いと思われているのか。いやいや、家事の見返りとして求める自分が悪いのか。拒否されることを受け止められず、怒ってモノにあたってしまい、壁に穴をあけたこともあります。でも、妻に手だけはあげちゃいけないと。

僕は学生のころ、モテなくて。男女づきあいの多い同級生がうらやましかった。今も劣等感のかたまりのような気持ちは消えません。妻の気持ちがほかの男性に向いてしまうんじゃないかと不安です。

40代になると性欲が衰えると聞きますが、違う。心のみならず、体のつながりがほしくなるんです。仕事中も妻に拒まれたことを思い出して落ち込みます。死んだほうがましかも、と悩んでしまって。

今年、自殺する人が多いある場所に行きました。崖っぷちに立って、いざ飛び降りようと海をのぞきこんだら怖くなり、引き返しました。

妻に依存しすぎているのでしょうか。「今日はそんな気分じゃないんだね」と、妻の言葉に素直に耳を傾けられる男にならないといけないのでしょうか。妻との性行為はどうしてこんなに難しいのでしょう。

エピソード❷　自分から拒んだが

■44歳になる会社員の男性は十数年前に結婚した。結婚前は月1、2回しか会えず、デートする度にセックスをしていた。結婚後は週1回、週末に。だが2、3年目から義務感を抱き始め、自分から拒む態度をとった。

そのころ趣味の集まりに毎週末、顔を出すようになりました。しばらく遠のいていた趣味だったので楽しく過ごし、帰宅すると疲れて眠い。

妻からは「私のことを愛していないの」と激しく叱責されました。趣味を満喫していることも面白くなかったようです。負い目を感じましたし、夫婦円満のためなら、と7、8年は夫婦関係がありました。

2年前、そんな日々が突然終わったのです。妻が「気分じゃない」と言い出して。妻は職場で責任の重い地位を任され、頭が仕事のことでいっぱいに。正直、ホッとしました。ところが勝手なもので、3、4カ月たつと私の気持ちが高まってきたのです。妻は乗り気ではなく、それ以後、性欲を抑えるよう努力しました。「2人で外食した夜なら応じてくれるかも」と誘ったこともありますが、やはり拒否されました。今はスキンシップもありません。

わがままだとわかっています。でも浮気や離婚をする気はないし、お互いに信頼し合っている。家がギスギスしているわけでもないんです。

ただ今後、ずっとセックスがないと考えると寂しい。まったくないのと、少しでもあるのとでは全然違う。相手がいることなので、自分の思い通りにはいきません。近々時間をつくって、セックスレスについて妻と話すつもりです。

相手の体と気持ちに寄り添って

三松真由美氏
（恋人・夫婦仲相談所所長）

夫婦であっても、性欲の高まりをぴったり一致させるのは難しいもの。セックスについて話し合える関係であればいいのですが、長くマンネリが続くと、どうアプローチするべきか悩ましいですよね。

相談を受けていると、女性の性欲の強弱は過去の経験に左右されていることが多々あります。痛いとか、夫だけ満足してさっさと寝てしまったとか、つらい、寂しい経験が続くと「したくない」と思ってしまう。セックスが愛を示す行為だと思えなくなってしまうんです。

セックスは互いにコミュニケーションをとりながら、相手の体と気持ちに寄り添うのが大切です。いま指一本触れられないほど事態が深刻なのであれば、日ごろの愛情表現から見直して。妻が何かしてくれたとき、携帯をいじりながらお礼を言っても気持ちは伝わりません。きちんと目を見て、「ありがとう」。妻を大切にしている気持ちを丁寧に伝えてください。

スキンシップの復活もおすすめ。呼びかけるときに肩にぽんと触れるとか、居間のソファで隣に座ってみるとか、小さなことから相手のぬくもりを思い出してみましょう。

5 「なし」でもいい関係

エピソード❶ ハグやキスは毎日

■ともに1度の離婚を経て結ばれた、40歳の内職の妻と52歳の会社員の夫。結婚して3年になるが、行為はまったくない。でも妻は「ダーリンとスキンシップはたっぷり」と笑顔だ。

最初の結婚は20歳。優しい人だと思ったのに、休日の外出さえ禁じる束縛男だった。性的虐待も。恐怖から1年で逃げました。「あんないい人がDVなんて」と知人は私の話をウソだと受け取った。でもダーリンは信じてくれました。

ダーリンと付き合い始めたころは、3カ月に1回くらいセックスしました。付き合っているときって、話すだけじゃ物足りないし、せなあかんかなって。でも、お互いセックスがあまり好きじゃないなとうすうす感じていて。最初の結婚で受けた性的虐待の怖さもありました。

結婚後、私は「家族になれた、もういいじゃない」と思った。「したくない」とはっきり告げたわけではないけど、どちらからも「しよう」とは言い出しません。

2人で暮らし始めて、決め事をしたんです。1日1ハグ。朝の出がけか、夜に。しょっちゅうキスするし、お風呂も一緒。いつも手をつないで出かけるから、近所のおばさんは「仲いいいね」って。

ブログに「うちはレスです」と書き込んだら、「えー、あんなに仲いいのに！」と友だちからめっちゃメールが届いた。でも、仲いい＝セックスって、思いこみですよ。

セックスはどっちがリードするかで上下関係ができる気がする。私は彼と対等でいたい。話もたくさんするし、頻繁に触れ合います。ささいなことの積み重ねで、十分仲良くなれる。ダーリンが大好きです。

ふたりは高まりによって
君しかいない!
私にはあなたがぴったり!
絆が深まる
うちは討論好き
いい討論ができると
楽しい〜〜
こんなにピッタリの人と夫婦だなんてウレシ
高まります
それぞれ高まることはちがう
うちはアウトドア好きなんで
BBQすると高まりますね
他にもいろいろな人がいる
うちはお互いセックスが好きじゃないとこが
ピッタリ合うんです
幸せはセックスの数じゃない

いいセックスレス、悪いセックスレス

南和行氏（弁護士）

セックスレスには、いいセックスレスと悪いセックスレスがあります。いいセックスレスは、愛情の交換が挿入と別にある。感謝の言葉や気遣い、スキンシップは広い意味でのセックスです。だから、「レスは不幸せ」は決めつけです。

僕の場合、夜遅いときはパートナーが車で迎えに来てくれたり、朝のテレビを見て「魚、おいしそう」とつぶやくと、夕食に新鮮な魚を用意してくれたりする。僕がパートナーの仕事のフォローをすることもあります。大事にされていると思うし、自分自身が相手を大事にできているだろうかと常に考えます。

悪い方は気持ちの交換がない。妻が離婚を切り出した夜、夫が急に求めてくる話をよく聞きます。セックスで不満が解消できると考えているのが問題です。セックスは行為そのもので幸せになれる魔法のアイテムではありません。言葉で表せない共感のためによい働きをすることはあるけれど、他にも思いやりを共有する方法はいっぱいある。

男性は一度、セックスと射精を切り離して考えて。自分のペースではなく、2人の時間を楽しむ方に軸足を置いてみてください。

俳優の火野正平が自転車で旅する
テレビ番組がある
とうちゃこー
火野正平がオバチャンにちょっかいを出す様子が見られると
べっぴんだよ！
いっしょにお風呂入ろこう
ワハハハハ
ものすごく感動する
ありがたや〜
ありがたや〜
年とっても火野正平がいればがんばれる〜
という気分になる
男はみんな若い女が好き
という情報ばかりで
オバチャンが自然に女扱いされてる光景
を見る機会がなさすぎるからだと思う
私たち日本女性は
年をとったら男から相手にされなくなる
という不安が少なからずあって
それが家庭のセックスレス問題と全く無関係とは言いきれないのでは…

家族のようになってしまってセックスできない
とよく聞きますが
長年、一緒に暮らしていると
家族というより
一つの球体になる感じ
相手が自分の一部なのか自分が相手の一部なのか
分からなくなる…
だから
オナラ可
ブッ
全裸可
なーいいだろ
雑に誘う
雑に断る 可
は？ムリだし
なんでも可になっていく
球体から
2人の人間に戻らないとセックスできない
戻るためには
オナラをしない
誘うよりもまずはいたわる
全裸で歩かない
ひどいこと言わない
暮らし始めた頃のような緊張感で過ごすと効果的

6 産後のつらさ わかって

エピソード❶ 子どもの世話で精いっぱい

■一昨年結婚し、半年ほどで妊娠。子どもが無事生まれ、かわいくてたまらない。だけど、産後がこんなにつらいものだったとは……。41歳の主婦は不調に苦しみ、年下の夫との関係をまだ取り戻せない。

つわりもひどかったのですが、産後は想像以上に大変。子どもの世話をするのが精いっぱいで、ほとんど寝たきりでした。体全体に湿疹もできてしまいました。

子どもは夜泣きがひどくて眠れないし、体はしんどいし。わずかの間横になっていると、夫は「なんで寝てるの?」って。イライラしながら「しんどいから」と言うと、夫婦げんかになりました。

授乳していると子どもへの愛情で満たされて、性的なことはもういいという気持ちでした。だから、そんな雰囲気になると逃げ出したくなりました。でもダンナは待ちきれなかったみたいで、産後4カ月ぐらいから、しぶしぶするように。1カ月半に1度ぐらいのペースで夫は不満だったようですが、私はそんなことをするくらいなら家事をしたい、休憩したいと思っていました。

「なんでダメなのか」と、夫にしつこいほど聞かれました。男と女は違うんです。欲求だけで女はできない。男の人には理解できないのでしょう。

正直、このままレスになってほしい。でも知人には、「そういう関係がなくなると激しい夫婦げんかをしたとき、歯止めがなくなる」と言われます。けんかするくらいなら、しぶしぶでもするしかないのか。でもやはり、その気になれない。

夫のことが嫌いになったわけではないのですが、今は、ただ一緒に暮らしている人という感じです。

心の問題が大きいのでは

宋美玄氏
（産婦人科医・医学博士）

産後レスの相談は多いですね。大きく2パターンです。「赤ちゃんにかかりきりの妻が母にしか見えない」と男性が求めないケース。この場合は、ふたりだけの時間を意識してもつようにしたいですね。

もう一つは妊娠中なかなかできなかったので、待ってましたと男性が求め、女性がお断りするケースです。実際、女性には性交痛が起こりやすい。産後は妊娠中より女性ホルモンが減るので膣は乾くし、感じにくいし、無理にすると産道が傷ついて痛むのです。女性ホルモンが足りなくなるのは閉経後も同じです。

ローションや軟膏をぬると改善します。でも、心の問題が大きいのでは。慣れない育児で大変なのに、協力もしない夫に体だけ求められたらイライラするでしょう。

男性はそこに気づきにくいんですね。女性はそのときの怒りを忘れません。それで産後ずっとレスといったケースもけっこうあるんです。

夫には産後のつらさを説明して、「お医者に無理しないように言われた」と告げましょう。それでも夫が性交を無理強いするのはＤＶです。

〝先輩たち〟は言う
結婚とは?
忍耐ですね
街かどインタビュー
結婚は忍耐です
ドッ
結婚は忍耐である
若い私は
しつこいなー
と思ってた
アラフォーになった今思う!
結婚って……
忍耐だ!!
お互いの意見や考えをぶつけ合った後に訪れるのは…
衝突
改善
言うことがなくなる
ガチン
ガチン
コロコロ
……
↑川の石で表現
相手を思いやり、尊重する忍耐の日々…
したいけど…したくなさそう
まだしたくなさそう
私の場合は我慢につぐ我慢
10年前より明らかに回数が減っている!!
← 5歳差
夫の加齢も尊重!
したい相手は夫だけなので仕方なし……

7 年を重ねて変わる関係

エピソード 1 めげても仕方ない

■夫が単身赴任していた4年半、2週に1度帰ってくるとセックスしていた夫婦。いいペースだったと46歳の女性は振り返る。今は同じ屋根の下、48歳の夫は求めるが……。

去年までの単身赴任中は、玄関で出迎えたら、そのまま寝室に引っ張っていかれることもありました。

最近、私は加齢で股関節が痛みます。最中に思わず「痛い、痛い」と言ってしまうことも。いずれは手術も必要と医者に言われて、セックスするのが怖くもあります。

夫も加齢のせいか、途中でダメになってしまうことがあります。ときめきが足りないんじゃないいか。私たちの寝室の隣は10代の息子の部屋なので、留守中にするようにしていましたが、あえて息子がいるときに試みました。ドキドキしたのがよかったのか、最後までできました。

■女性の夫に聞くと、40代に入って血圧が高くなるにつれ、体調に変化を感じたという。

単身赴任中、妻は優しかった。妻は、回数は多くはなく濃密なのがいいと言いますが、僕はもっと求めたい。共通の趣味があっていつも一緒という夫婦じゃないので、絆を感じる貴重な手段です。

最近、勃起しなくて最後までできないことも。「ごめんなさい」と言います。がっくりきますが、めげても仕方ない。こればかりはコントロールできない。毎日するわけじゃないし、できたらできたでいいじゃないかという気持ちです。

妻とは普段から手をつなぎます。これからも仲良くしたいです。

「ごめん」の中身を共有

伊藤公雄氏（社会学者）

勃起不全（ＥＤ）のもとが、医療的な問題なのか、メンタルな問題なのかを考える必要があります。もし機能だけの課題なら薬もあるし、治療に行くことで対応できるし、様々な努力の仕方があるでしょう。

問題はメンタル。例えば、男性が「ごめん」と言ったときの「ごめん」の中身を共有しないと、次の危機が訪れます。あるべき性交渉のイメージにとらわれて、年を重ねた夫婦としての性関係がつくれていないこともあります。

男性は女性に比べ、人に相談しません。内閣府の「男性にとっての男女共同参画」に関する意識調査では、「悩みがあったら、気軽に誰かに相談するほうである」と答えたのは、男性全体で２割弱。年代が高いほど割合が減ります。

性的な衰えは男性にとってアイデンティティーの危機を招くことさえあります。だから、ＥＤも言えない。「男は悩むもんじゃない」と身構えるのを、解きほぐす必要があります。男性自身が固定的な価値観を自覚し、変えていかないといけませんが、鎧《よろい》はすぐには脱げません。放置すると周りもしんどい。関係回復を望むなら、働きかけが必要です。

日本では自然分娩が大前提になっているから
生みの痛みを経験してこそ母親
ツラい出産で子どもに愛情が生まれる
悩んでしまう人もたくさんいます
帝王切開だから母性が足りないのでは……
タイで子育てしている友人
タイではほとんどの人が帝王切開だよ
えっなんで?
お坊さんにいい日どりを決めてもらってその日にするの
日どりの方が重要!
痛みと母性の関係って万国共通じゃないんかーーい
痛いのがイヤだっていうのもあるよ
正直に言えていいなァ
さらにタイの女の人たちは
夫がセックスできなくなったら別れる
セックスがないなんて絶対ありえない
と言い切る人が多いと聞いたことがあります
本当だとしたら出産もセックスも自分主体って感じなのかな
いーなー

読者のモヤモヤ

37歳のとき、当時の夫がED（勃起不全）に。「治す気はないの？」とは言えなかった。夫は家にあまりおらず、子育てもノータッチで、「文句を言うなら同じだけ稼げ」。多額の借金があることがわかって離婚した。女子組文化祭に参加し、**「理不尽な世の中に怒っていいんだ」**と気づきました。（49歳　会社員）

結婚45年。**いくつになっても触れ合いたい**と思うけど、彼は望んでない。だから優しく話しかける。すると彼も和む。私も折れないとね。（72歳　主婦）

同い年の夫とはセックスもあって仲良し夫婦と思っていた。でも、十数年間の不倫が判明。「最近、思うようにできなくなった」と嘆く夫を励ましていた私って。この年齢で1人もさみしく、**コミュニケーションロスのまま同居しています。**（55歳　会社員）

ドイツ人の夫は淡泊です。出産後に拒まれ、離婚も考えました。カウンセリングを受け、夫の性的嗜好が合意のもとに複数の人と性愛関係を持つ「ポリアモリー」とわかりました。つらくて時間がかかったけど、容認したらスキンシップが復活。一生パートナーを組む夫とはいい感じのまま、私も時々、**ほかの人とデートしたい。**

（41歳　フリーランス）

夫は甘い言葉をかけてくれません。でも、**名前で呼び合い、セックスは大事にしています。**相手を思いやれるし、子どもや他人にも優しくなれます。

（48歳　自営業）

婚約中です。ところが、ある日からパタリとなくなり、誘ってもあいまいな返事。私の魅力が失せたのかと思い詰め、服や髪型に力を入れましたが変化がありません。**今からこんな生活では子どももできない、**と悩んでいます。

（30歳　パート）

8 愛される＝尊重される

読者から寄せられたセックスレスに関する様々な悩み。それらを通して見えてきた、女と男の関係について、社会学者の上野千鶴子さんに話を聞いた。

上野千鶴子氏（社会学者）

女と男の力関係

紹介された経験や悩みは、「セックスをしたい」のか、それとも「配偶者としたい」のか、問題が混在していました。

前者ならどうぞご自由に。結婚契約が「パートナー以外とはダメというお約束」だとしても、契約を破っている人はたくさんいます。合意で違反しているカップルもいます。そもそも身体の性的使用権を、たった一人の異性に生涯にわたって譲渡する契約など、不自然で不合理。守れない約束はしないものです。

後者は相手との関係性の問題。関係の縮図がセックスに表れる。強要されるのと、求められないのと、どちらが苦痛が多いと思いますか？　昔の妻の望みは一刻も早く終わってもらうこと。妻は夫との力関係で断れない。断ったら夫が不機嫌になるからガマンする。逆に妻が迫っても夫は断れる。セックスをどちらが始めるか、断る権利があるかは、男女の力関係の反映です。

安定のため犠牲？

夫に求めたら、「変態」と言い放たれた女性がいたそうですね。その時点で夫婦関係は終わっていいます。優しさもいたわりもない言葉。愛されていない、つまり、尊重されていない。一緒に子どもをつくった相手なのに、それほど自分をないがしろにする男と夫婦でいたいですか？

結局、生活の安定を求めているんでしょう。父母の役割と、既婚者としての身分保障。セックスを犠牲にするのと比較して、どちらがコストパフォーマンスがよいか。

最近の職場には、「何を言ってもセクハラと思われそうで神経を使う」とこぼす男性がいます。以前の職場は空気のようにセクハラが蔓延していた。男が普通に振る舞うとセクハラになるケースが多いなら、使いすぎるほど神経を使ったほうがまし。女性が黙っていないから、「ノー」というサインに敏感な男性が出てきた。セックスレスも同じ。その方がはるかに文明的じゃないですか。

結婚「なめんなよ」

投稿者のセックスの定義が狭い印象も受けました。インサート（挿入）にとらわれている。スキンシップやオーラルなどセックスは多様。探究心と努力が足りない。ラクして成果は得られません。

今のパートナーとしたいのは関係を修復したいということ。ならば恋愛時を思い出して。恋愛は徐々に身体の距離を縮める接近の技術。相手の警戒心を解き、互いに間合いを詰めなければなりません。そのプロセスをすっ飛ばし、セクシーランジェリーにいくのはカン違い。

恋愛という面倒くさいプロセスをへて、結婚したんでしょ。だいたい、他人の身体を触って反応をみるなんて面倒なもの。その面倒くささを回避して、いいセックスなんてできない。学習には「授業料」を払わなきゃ。他人の肉体を自由にできるのが結婚だと思うのなら、「なめんなよ」と言いたいです。もし相手から尊重されていない状態に甘んじているなら、それは自分の人生をないがしろにしているのと同じです。

セックスのハードルは下がっているのに、男女関係のギャップは相変わらず。若い女はセックスで男をつなぎとめようとしたり、デートDVやストーカーに遭ったりしている。自尊感情が低いから、男の支配と執着を愛情と取り違える。愛されるって尊重されるってことなのに。

「基本のき」は家庭の夫婦関係。母が父からどういう扱いを受けているか、子どもが見ています。夫婦が結婚生活を侮っているなら、その価値観を子どもが受け継ぎます。結婚ってこんな程度のものよ、と。

9 中高年の性 現実は!?

『セックスレス時代の中高年「性」白書』をまとめた日本性科学会セクシュアリティ研究会のメンバーは産婦人科医や臨床心理士。診察や相談を通じ、中高年期にはさまざまな悩みが伴うと痛感する。よりよいパートナーシップを考えようと2000年（有配偶者）、03年（単身者）にアンケートを実施。さらに12年には有配偶者・単身者の計1162人（40〜79歳）に性について聞き、調査結果をまとめた。

代表の荒木乳根子さんは田園調布学園大学の名誉教授、臨床心理士の金子和子さんは日本赤十字社医療センターでセックス・セラピストとして30年以上働いた。

対等な関係へ過渡期

――セックスレス（性交が月1回未満）の人が1回目の調査から著しく増えています。なかでも40〜50代は男性で2・5倍あまり、女性で1・8倍になりました。

金子 40年前、カウンセリングに来るのはほとんど女性でした。「夫がしてくれない」と。

今は「私がしたくない」という女性が増えた。イヤなふうにされても以前は女性が黙っていたけれど、自己中心的なやり方にうんざりして、ノーと。

荒木　経済力を持った女性が相対的に強くなって、求められてもノーと言えるようになった。性交を望んで実際に月１回以上ある人が１回目の調査では男性78％、女性79％でしたが、今回は男性44％、女性68％。満たされない男性が多くなった。

――セックスレスの背景にはさまざまな要因がありそうです。

荒木　夫婦でどんなふれあいが多いか聞いたら、「肩もみ・指圧」が一番。日本らしい。外国はハグやキスだけど、日本は肌のふれあいが普段から少ない。

金子　単身の人たちは日本でもハグやキスを結構している。

荒木　子どもができると、日本では父母の役割が強まる。子どもの前でセクシーでなんかいられない。

金子　子どもが生まれ、女性がたくましくなると、男性は気圧《けお》されるのかも。さらに、女性のほうから「楽しみましょう」と意思を示されると男性は逃げていく。

荒木　両者が対等になったとき、いい関係ができる。今は女性が目覚め、男性がビビっているのかもしれない。過渡期なのでしょう。

気持ち　伝え合おう

――婚外恋愛についても女性の体験談が多く寄せられています。

荒木　男性の体験談は来ない。たくさんしているはずなのに。男性にとって婚外交渉は言わぬが花。当たり前のようにしながら、隠してきた歴史なんでしょう。

金子　女性にとっては婚外恋愛は誇りであるのかもしれない。

――人生が長くなり、パートナーと連れ添う時間も増え、中高年の性は切実なテーマ。大切なことは。

荒木　伝え合うこと。コミュニケーションです。「ノー」と言われてすぐ引いちゃうのではなく、こんなふうに求めている、どうしたらいいのかと気持ちを伝えないと。

金子　食欲と同じで、性欲は人それぞれ。「ない」という人もいる。若いときは性欲の差も若さのエネルギーでカバーできるけれど、中高年になると、その差が大きくなってカバーするのが難しい。男性の性欲だけでなく、女性の性欲をいっしょに語ることが大事ですね。

荒木　女性は閉経後、痛みがある人が多い。以前は痛いのを我慢して夫に応えていた女性が多かった。医療的な理解や態勢も必要です。

――「死ぬまでSEX」といった雑誌などの見出しをどう思いますか。

荒木　男の願望ですね。オレは男であるというシンボルなのね。性交の回数を配偶者のいる70代に聞くと、男性のほうが女性より申告数が多い。数が合わないのはなぜ?

金子　男性は1回でも多く申告したい。女性は違いますよね。

荒木　老人施設でおばあちゃんが男女関係なく若い人にチューするという話を聞きました。きれいね〜、かわいいわね〜って赤ちゃんに触りたいのと同じで、生命の輝きにひかれるのでしょう。その意味で人間は死ぬまで性的存在ですよね。

金子　だから、すぐにセックスにつなげなくてもいい。高齢になるとハグしたり手をつないだりする方が大事になってきますよね。

10 心と体 満たされてる？

エピソード1 結婚30年 週に1度は

■今でも週に1度は夫とセックスしているという女性（54）。「せっかく結婚しているのなら、触れ合う機会を無駄にするのはもったいない」と思う。

夫とお見合い結婚して今年で30年になります。若いころから、朝、仕事に送り出すときのハグは欠かしません。習慣みたいなものですが、形だけというわけでもないですね。スキンシップって、夫婦に限らず、親子でも子どもが大きくなったら恥ずかしがって機会が減りますよね。でも、手をつないだり、マッサージをしたり、体に触れると安心感が生まれる気がします。

夫婦の間にスキンシップがあれば、自然とそういう機会につながると思う。夫とは寝るときに手をつないだりしています。夫が60歳を過ぎて昔より頻度は減りましたが、今でも週に1度はセックスをしています。一軒家で成人した子ども2人と暮らしているので、週末の早朝、子どもが寝ている時間帯が多いです。

夫は丁寧で心地よさを引き出してくれる。根底にあるのは相手を喜ばせたいという気持ちです。これまでも、仕事が忙しくて頻度が減ったことはあっても、セックスレスになったことはないですね。

夫は昔、不摂生でおなかが出ていたときもあったのですが、今は加齢臭を気にして身なりに気を遣っているようで、清潔感があります。何かあったときに頼りになるし、信頼できる。この人が夫でよかったと思います。バカ正直なので私もそれに応えようとするうち、信頼関係ができていったのかもしれません。

休日にはサイクリングに出かけます。外で手をつなぐのは、介護が必要になってからというのが、私たちの流儀です。

体だけではなく心も満たされてこそ、最高のパートナーといえるのではないでしょうか。夫は家族であり、親友のような存在です。体が衰えても、互いにいたわり合えたらいいなと思っています。

エピソード❷ レス耐えられず離婚

■14年間の結婚生活で、夫婦生活は両手で足りるほどだった。会社員女性（47）は3年前、「おかしくなるくらい悩んで」離婚した。

セックスがこんなに人生を支配するなんて、独身のときは考えもしませんでした。セックスがないことよりも、つらさを訴えたとき、無視されたことに失望しました。「そんなことばっか考えてんの？」。何も言えなくなり、私がおかしいんだと思うようになりました。結婚前から元夫は積極的ではありませんでした。違和感はあったけど、言うのが恥ずかしかった。今ほどセックスレスという言葉も知られず、結婚後にセックスがないことのしんどさを誰も教えてくれない。必死に仕掛けても、「眠い」。キスもハグも手をつなぐこともない。私はヒステリーを抑えられず、いつもイライラ。

もがいて初めて気づいたんです。セックスがなかったら、性的なエネルギーで自分を殺してしまう。そして他人の幸せを受け入れることができなくなる。よその夫婦が一緒に出かけた話を聞くのも嫌になり、「よかったね」と声をかけられない。

セックスがない生活に耐えられない。そう調停で明言すると、調停委員もわかってくれました。恥ずかしいのは一瞬だけ。セックスの回数は両手で足りるほどでしたが、子どもが2人います。子どもにもつらくあたり、笑えていなかったので、子どもの存在が離婚しない理由にはなりませんでした。離婚時、「もう悩まなくていい」と解放された気分でした。

体の声を無視しちゃいけない。セックスが最終目的ではなく、触れ合うこと、愛する人に抱きしめられている安心感が大切なんです。

自由になり、今付き合っている人は70代。会うとずっと触れ合っています。手が触れる、目を合わせる、言葉をかける。ひとつひとつが喜びだと知りました。年を重ねると泣きたいことが増えるけど、触れてくれる人がいるから頑張れる。

女性には自分を大事にしてほしいし、互いに心地よいセックスについてもっと語っていい。

私のように苦しむ女性が一人でも減るように。

11 夫婦関係と性のカタチ

書店で「例の本」と呼ばれたヒット作『夫のちんぽが入らない』（２０１７年1月 扶桑社刊／２０１８年9月 講談社文庫）は、40代の主婦が書いた私小説。綴られているのは、心に深い傷を負い、夫婦関係にもがく女性の20年。著者のこだま氏が込めた思いとは。

こだま氏（作家）

夫とだけできない

——タイトルが衝撃的です。

交際から20年、夫とまともにセックスができない劣等感をストレートに表しました。この結婚生活はかっこいいタイトルではなく、「ぽ」という間の抜けた響きが似合う。

——「ひとつの家で、男でも女でもない関係で暮らす」とあります。もやもやしませんか。

私の持病（自己免疫疾患）が悪化したこともあり、7年くらい前から一度もありません。

私自身はもやもやすることはないです。できる、できないにかかわらずセックスのことを考えるのが重荷だったと気がつきました。私の心身がこんな状態なので、夫が風俗へ行くのも自由だと思っています。

――なぜ夫とだけ……なのでしょう。医者に行こうとは。

サイズも理由でしょうが、「好きな人とこんなことをしたくない」と思う私の心の問題もあるかもしれません。かなり内気な大学生で、誰かに相談しようとは考えませんでした。「セックス＝悪」だったので、犯罪を告白するくらい勇気のいることでした。ローションを使えば少しだけ入ることがわかり（裂けて流血しますが）、私たちは「これで十分」と納得してしまいました。

――ほかの男性と抱き合えたとき、どんな気持ちでしたか。

仕事のストレスでうつ状態になったとき、逃げ場を求めるうち、出会い系の男の人に会いました。知らない人だから特別な感情もなく、割り切って。普通にできたので仰天しました。自分が異常じゃないとわかって安心するとともに、「夫とだけできない」という事実に打ちのめされました。精神状態がよくなってそんな行為はやめましたが、ほかの人とのセックスも好きではなかった。死にたい気持ちを一時的に紛らわせたかったのだと思います。

セックスは意思疎通のひとつ

――「オトナの保健室」にはセックスレスに悩む読者から多くの投稿が寄せられます。セックスとは、こだまさんにとって何ですか。

いまだにわかりません。意思疎通の手段のひとつなのかもしれない。私は、それを自ら断つようなことをしてしまったのだと思います。

――「結婚にあこがれを抱いたことがなかった」とあります。

結婚してよかったです。夫に出会っていなければ、私は誰にも心を開けないまま生きていたから。変わるきっかけを与えてもらいました。夫婦とは情けない部分も受け入れて添い遂げる相手ではないでしょうか。

――セックスがなくても。

長い間、「夫婦なんだからセックスをしなければいけない」と思っていましたが、身体のつながりがなくても一緒にいたい相手であれば、寄り添って生きていてもいいのでは。兄と妹のような、若いおじいさんとおばあさんのような関係で。

生き方はそれぞれ

――不妊で苦しむ方も大勢います。「子どもはいないの？」と、こだまさんも言われました。

特別な事情があるなんて想像もしないのでしょう。悪意もなく尋ねるだけなので、相手を恨むのは筋違いだと受け止めていましたが、もやもやを誰にぶつけてよいのかわからず、結果的に自分を責めました。それぞれの夫婦に事情や生き方があると想像することが大事です。

――反響がすごいですね。

同じように「入らない」ご夫婦から、「身体のつながりがなくても、子どもがいなくても、周りの声に左右されず自分たちの生き方を見つけていこうと思った」という声を多くもらいました。一方で「この夫婦は問題から逃げている」と批判もあります。とことん話し合う夫婦もいるでしょう。そちらの方が多数派かもしれません。

でも私たちは、このまま2人で生きていく道を選びました。セックスがないことを異常だと思わない夫婦がいてもいいのではないでしょうか。

読者のモヤモヤ

出産後、セックスレスになりました。悩みに悩み、意を決して理由を聞いたら**「家族だからかなあ」**。よくわからない答えに数日泣きました。それ以外は仲のいい夫婦だから耐えるしかないと思っていたら夫の浮気が発覚し、立ち直れません。離婚して自由にしてと言っても聞き入れてくれません。（45歳　主婦）

愛情表現やスキンシップがあればレスでもいいのかな。最近はお互い年齢を重ねたせいか、**あまりしたがらなくなり、ほっとしています。**（50歳　主婦）

7年前に彼氏ができ、夫に感謝はありますが愛情がなくなりセックスレスです。**彼氏の存在に気づいていると思うが追及してこない。**私は家政婦のようで、夫は子どもが成人するまで離婚宣告を我慢しているのか。不思議な夫婦関係です。（52歳　主婦）

結婚前は良好な性生活でした。お互い20代で結婚後、レスに。**誘っても断られ、私は次第に外の男性と関係するようになりました。**ただ、私は彼の生活リズムに合わせて尽くし、彼は彼なりに愛してくれていたと思います。21年目、言葉の暴力を機に離婚しましたが、元夫との生活でたくさん勉強できたと感謝しています。

（47歳　会社役員）

私の中での**セックスは心を解き放つこと。**義母（81）との生活は苦行です。でも、夫が理解して大事にしてくれていることで頑張れています。

（49歳　自営業）

同窓会へ行くと、妻や夫への不満が当たり前で、賛同者が多い。みんな本当なの？　仲が良いことを堂々と言えずにウケ狙いで悪口を楽しみ、**仲良くないことが当然といった風潮はよくない。**人は人。もっと率直に話せる雰囲気が必要です。

（54歳　主婦）

数年、家庭内別居状態だった人が
ひょんなことから夫とラブラブになったの
ピリピリしたムードがとけたら
子どもとケンカできるようになったという
今までは夫に隙を見せられないって気持ちが強くて
ピシィィィ
ハーイそうね!
ギャーギャー
最近は夫がフォローしてくれるから安心しちゃってる…
夫婦ってある日ガラッ!と変わることありますよね
天気みたい!
私が子どもの頃も祖母が亡くなったとたん両親がラブラブに!
祖母の味方をする父
ちょっと不謹慎…
でもたいていは「分かりやすい出来事」なんてない
1月
2月
3月
これが続く…
自力で相手との空気を変えようとしてもできない。天気と同じ…
現在、夫とピリピリムード中
はやく天気にな〜れ…

第2章 不倫

有名人の不倫発覚が相次ぐ昨今、不倫は、一般人でも珍しいことではなくなった。

日本家族計画協会の2012年の調査によると、過去1年間に配偶者以外と性的コンタクトを取った既婚者は女性が23・9%、男性が57・3%という結果が出ている。

1　許されぬ恋　私の気持ち

エピソード❶　夫が20歳年下と交際　家から追い出したが

■結婚46年目の主婦（67）は、真面目《まじめ》に働いて家を2回買った夫（73）を申し分のない人と思っていた。ところが2年前、20歳年下の女性と交際していることが発覚した。

夫はネコ好きで公園にエサをやりに行っていました。女性とは公園で出会ったようです。女性は捨て犬を拾い、散歩させていた。それがわかるのは、だいぶ後です。

定年直後、夫の様子がおかしくなりました。白髪頭に黒い粉をふり、オシャレして出かける。「外に行ったら下がピンピン」と宣言して外出したり、通帳を取りあげて「500万円をお前にやる」と言ったり。退職後は夫婦で旅行に行くはずなのに実現しない。家で夕食を食べることも少なくなり、一人暮らし用の家を探している気配もありました。

夫は65歳のとき、縁結びで知られる島根県の出雲大社に1人で出かけました。聞けば、「家族の健康を祈った」と。でも私はずっと「犯人捜し」をしていました。同窓会か、それとも花見なのか。

わかったのは2年前、ディスカウント店に夫婦で行ったときです。私がトイレから出ると、女性と親しげに話していました。女性はマスクをしていて顔がわかりませんでした。私は黙ってにらみつけました。夫はその場から逃げました。

夫を問い詰めると、女性は20歳下で11年前に知り合ったと説明し、「好きになれば年の差は関係ない」「一生付き合う」とまくし立てました。けんかになって突き飛ばされた私は鼻の骨が折れました。

私は夫を家から追い出しました。夫は、1週間ホテル住まいをして、戻ってきました。ほかに行くところがなかったようです。女性との交際もなくなったみたい。ふられたんでしょうね。「誰がジジイの相手をするねん！」と言ってやりました。昨年末には、「なんで結婚できんかったんかなあ」と私の隣でポツリ。

年をとって裏切られるとこたえます。「金の卵」と言われて田舎から出てきて、互いに一目惚れで2年付き合いました。夫はお金をためて私を車で迎えに来てくれたんです。でも、もう何も信じられない。離婚も考えたけれど、私1人では年金が少なくて生活できない。私もパートで20年働き、今の家が気に入っているし、ここで死にたい。

息子や娘も知っていて、「このまま我慢して、お父さんが死ぬの待ち」と言う。女性のことさえ口にしなければけんかにならないんだから、と。

エピソード2

同級生と月1回密会 トキメキが私の宝物

■夫が亡くなり10年余。70代前半の女性は、3年前の同窓会で半世紀ぶりに再会した同級生と交際中。彼には妻がいて、会うのは月1回だ。

「ドッジボールで派手にコケてたね」。彼ったら、高校時代の私のことをよく覚えていてくれて。当時おとなしくて目立たない人だったけれど、今は体を鍛えていてガッシリと頼もしい。同窓会の後ご飯に誘われ、ホテルに行こうって。

10年以上してないから、できないんじゃないかと不安だった。でも、だんだん感覚がもどって、今50代の体だと自分で思うんです。

人目についてはいけないので、美術館や音楽会には行けません。ホテルで7、8時間べったり、彼がギュッて抱きしめてくれて。

苦いビールを飲んで別れます。次に会えるのは1カ月後。彼を返さないと。月1回、彼を借りている感覚。人のものだから、やはり罪ですよね。

奥様から奪うつもりはないんです。自分のものにしようとするとドロドロになる。年の功ね。そんなことしても、何の得にもならないとわかっている。周りに気づかれないようにしています。携帯メールもしません。「おうちでは奥様を大切にしてね」と彼に言います。

私は20代前半で結婚し、夫が初めての男性です。性の本を買ってきて、夫婦で研究した。こうしたら気持ちいいんじゃないかって。よくしゃべる夫婦で、旅行にもたくさん行って、いい関係でした。夫が亡くなり、半身をもぎとられたようで不眠症に。人と会って夫の話題になるのが怖くて、外に出なかった。

70歳になってハッと気づいた。人生やりたいことをしなきゃ、夫しか男性を知らずに死ぬのはイヤ〜ッて。女友だちもいいけれど、ボーイフレンドがほしい。恋がしたい。

そんなとき、同窓会で彼と再会した。「かわいい」「愛しているよ」。そう言ってくれる。彼は「90歳までしたいね」って。ハグだってキスだっていい。励まし合い、私も行けるところまで行くつもり。

「結婚までは処女であるべきだ」なんて今は言わないように、不倫も20年後には死語になるのでは。このトキメキは私の宝物です。

女になるのは家庭の外

亀山早苗氏（フリーライター）

『不倫の恋で苦しむ男たち』（２００１年）を書いたときから、取材を含めて千人以上の体験を聞いてきましたが、一番多いのは40代から50代の主婦です。どちらかというと地味な印象で、でも何か求めている感じというか。

40代後半の女性は自己評価が低いんです。夫は働き盛り、子どもは手を離れ、置いてけぼり。白髪やしわは増え、老いを感じ始める。ほめ言葉をかけられたら、オチますね。多いのはやはり職場での関係ですが、ＰＴＡ、子どものサッカー教室、同窓会、犬の散歩、マラソンの練習、反政府デモ。チャンスはどこにでもある。

「オトナの保健室」には高齢の方の投稿が多いそうですが、我慢する時代ではないということです。男性を生涯１人しか知らないのが美徳とされた時代じゃない。女としてまだ終わりたくない、と。

先が見えて、最後にやりたいことをやる！　ここで頑張らないと、という気持ちでしょうか。良し悪しではないですね。この年になったら好きなようにするしかないのでは。

ただ、相手の妻も我慢はしません。そうと知れば、妻が乗りこんでくるのも珍しくない。

それにしても、家庭の外では女になれるのなら、結婚というのは何なのか。夫婦って対等な男女関係じゃないんですね。結婚と恋愛は別。割り切っている人が多いのだと思います。

2 夫よりカレ 不倫のワケ

エピソード❶ さみしかった日常 甘えさせてくれる

■夫の転勤が決まり、会社を辞めてついていくことにした30代半ばの女性。自分の送別会の日が上司だった彼との始まりだった。

日付がかわった深夜、二次会後に彼と歩いていて。自分の送別会でこんなに遅くなって、早く帰さなきゃと思いながら、信号待ちの交差点で思わず抱きついてしまった。心地いい。離れたくない。そう思った瞬間、キスされた。そこから理性がガラガラと崩れた。感情の洪水でした。私、さみしかった。これが、さみしいっていう感情なんだ。その夜を彼と過ごしました。既婚の上司とダブル不倫に陥るなんて、1ミリも考えてなかったのに。

今の夫と結婚したのは、一昨年です。それまで結婚と恋愛は別と考えていて、シングルのときは既婚者とも付き合っていた。でも出産したいと思ったんです。親を安心させるためにも。

結婚相手の条件は、働いていて、心身が健康で、借金がなく、暴力をふるわないこと。これがそろっていて、未婚の男性というのがなかなかいない。幸運にも夫は条件にあてはまった。

勤めていた会社を辞め、居心地のいい家庭を作ろうと家具選びも料理も頑張った。でも夫は早朝から深夜まで仕事で帰らない。夏休みや記念日は一緒だけど、「ライブでも旅行でもひとりで行っておいで」って。ひとりぼっちなんです。

実家は自営業の大家族で毎日ワイワイご飯を食べていた。普段の日の営みこそ大切な私と、ハレの日に重点をおく夫。違和感が募っていく。でも日常を平和に過ごすため、本音が言えない。早く帰ってきて、なんて。だけど彼だと甘えられる。自分を出せる。非日常だから。

子どもはいないし、親は元気だし、仕事はパートだし、「好きに過ごせて幸せねぇ」と友だちに言われます。なのに、さみしい。妻という役割を頑張ろうと思うほどに。

彼はひとまわり上で、10代の子どもがいます。ひたすら優しく抱いてくれる。私も抱きしめていると、守ってあげたい気持ちになる。「お互い、さみしくて優しさを求めていたんだね」とメールをくれました。彼もきっと、家庭や職場では自分を見せられないんですね。

ベッキーの復帰番組
よかったなァ〜
ホッとしたよ
不倫経験のない私は騒動の時
写真も掲載されており…
ワイドショー
えっニャンニャン写真?!
どうしても見たい!!
発売日に買って
見てしまった
思ったよりエグい!
本来人に見せるためではないメールと写真。
ほんとうにありがとう。幸せだった。
載せて大丈夫なのか?
本人たちのメンタル…
私みたいに買う人間がいるからこんなことに……
妙な罪悪感
ガク…
仕事も一気に休んじゃうし
ファンじゃないのに心配だったよー
経験豊富なおともだち
まだ復帰は早すぎ!
あのイメージで売ってたのによごれすぎ
謝罪したからって済むわけじゃない!
不倫って、本人たちだけの話で終わることではないんだと知りました…

今年の始めから とあるお笑いコンビの ファンになりました
結構 好きだったけど
すんごく面白い人たちだなーっ
彼らの情報を知れば知るほど……
ネット記事
DVD
アハハ
フムフム
共感！
インタビュー
お笑いライフ
ドキドキ…
おかしな妄想が頭に浮かぶようになり
HOTEL
また…
夫といる時にテレビに映ると緊張し
ドギマギ
な…何もやましくないのに！
奥さんが妊娠中なんですよー
ラジオ
ズキー
止められない想い……
私……恋してる…！
くるしいよ……
小規模なイベントで握手する機会があった
ギャ～～～!!
帰り道、急に暗い気分に…
あの人の奥さんはきっと今頃家で育児してるにちがいない…
なんか自分がいたたまれない…
もうやめよう…
2016 勝手に燃えて勝手に散った恋でした

読者のモヤモヤ

結婚する前、バイト先で知り合った年上の彼は真面目そうな人。大好きになったのに、彼は「実は妻と子どもがいる。離婚するつもりはないけど、君とは付き合いたい」。頭が真っ白になった。**不倫はバッドエンドしかない**と思い、泣きながら断りました。なんで男の人はこんなことを言えるのかな。今でもゾッとします。

（28歳　主婦）

十数年前、夫の不倫が発覚したが、夫は「別れたくない」。仕事はなく子どももいて、我慢した。いまも**2人に罰が当たることを祈る私がいる。**

（54歳　会社員）

10年前、夫に不倫されてつらかった私。やっと不安定期を乗り越えたけど、今度は私に好きな人が。**夫に同じつらい思いはさせたくない。**でも彼は恋しい。夫もこんな気持ちだったの？　私の思いは彼にまだ伝えていません。

（42歳　パート）

人間である以上、精神的な渇きには誰しも耐えられない。**響き合える人に出会えば、思いは募る。**僕も経験した。社会で起きていること、文学や旅の話をした。関係が深まることはなかったが、今もいろいろな事象に思いを巡らしたとき、その人の顔が思い浮かぶ。語り合えば共感し合えるだろうと。すると少し豊かな気持ちになれる。

（55歳　男性　会社員）

「育児中はそんな気になれない」という言葉は夫を思いやっての言葉で、**「育児中のあなたの言動が原因でそんな気になれない」**が本音です。

（38歳　看護師）

定年退職後、妻に**「いくつになってもイヤラシイのね」と言われショックだった。**次第に拒まれ、ヌード写真集や風俗を使っている。悶々とした気持ちを少しでも鎮めたく、今の生きがいにもなっているが、いつもむなしさが後で湧いてくる。

（78歳　男性　無職）

3 夫の裏切り 心に刺さる

エピソード❶ 思春期に母は不倫 信頼した夫まで……

■中学生のころに母が不倫し、傷ついた47歳の女性。子どもを悲しませる夫婦にはなるまいと思った。結婚25年。「お母さんたちはベタベタだね」と子どもに言われていたが、夫は不倫していた。

母は趣味のバドミントンをしていて、練習に行く夜があった。私が中学生のころ、帰りが遅くなっていった。父が夜勤の日に限って。父も気にしていました。「お母さん、ゆうべは何時に帰った?」って。

男の人からの電話を何度かとりました。母は丁寧に電話にこたえ、出かけていく。ある日、「お母さん、いますか」と聞かれ、「留守」とうそをついた。「どちらさまですか」と尋ねると、「あんたは誰だ」と問われて。すぐに切りました。

離婚したらどっちについていこうかな、とか考えていましたが、2年ほどでもめ事は落ち着き、両親は別れませんでした。

去年、父は入院しました。弱り切った父の足を母がいとおしそうにマッサージしている様子を見ても、「今さら……」と不信感でいっぱいだった。

今年初め、部屋に封筒が落ちているのを見つけました。女性の文字。息子に彼女ができたと思って読むと、夫あてだった。夫と同じスポーツチームの女性が「ダーリン命」と。カアッと体が熱くなり、何度も読み返しました。そんな人じゃない。変わった様子はなかったのに。

夫に聞くと、何のこと？　という風でこう言いました。「2、3年前に終わったことだよ」。それが苦しみの始まりでした。夫が言うには、息子の受験のとき、自分だけのけ者にされたようで寂しかった、と。加えて、「彼女はオレに離婚なんて求めなかった」とかばう。女性への怒りが募り、土下座させて頭を踏みつけてやりたいぐらいだった。

ほかの女の人に触った夫とはもう無理だと嫌悪したり、でも、私も悪かったのかと自問したり。何日も眠れず、深夜に「生きてるのがつらい」と叫んでしまった。夫からは「このままやっていいかないか」と言われて。その一言で、なんとか前を向こうと思いました。

今になって母が許せない。外の男性との関係が生々しく迫ってくる。不倫って、そのときだけの問題じゃなく、そのあとずっとつらい。傷は一生癒えません。

エピソード2

外に救いを求めても 解決にはならない

■ささいなことで非難を重ね、妻の外出も嫌がる夫。女性（47）は「私が至らないから」と自らを責めた。でも「モラハラ」と気づき、自分を取り戻すために歩き始める。

社内恋愛中は仕事ができる憧れの上司だった夫。年取ってできた息子2人をかわいがってくれた。でも私が会社に復帰し、再び上司と部下になって関係は一変。「お前のせいで利益が上がらない」「なぜおれの発言に相づちを打たない」「会議中の顔つきが気に入らない」。事あるごとに責められた。

家庭にも波及し、息子に将来のことを助言してと頼むと「おれをバカにするのか」。女友達と会って帰宅が遅くなると、夫に自宅でも会社でも無視をされた。私が夕食を用意しても手をつけず、自分がコンビニで買ってきたおでんを食べる。無視と非難を繰り返す夫が怖くなった。

友人に相談すると「それ、モラハラだよ」。本を読むと、夫のことのような記述が目につきました。「態度や行動で相手の言動を非難し、操ろうとする」「会話は成り立たない」。自分がいかにモラハラの被害に遭っていたのか、客観的にわかりました。子どもの独立まであと数年、家庭内別居を決心しました。

1年ほど前から、自分の得意分野を生かして仕事やボランティアを始めました。高校や大学の友だちにも久しぶりに連絡を取りました。夫の影響下を離れ、自分が好きだったことを思い出した。夫とは物理的に顔を合わさないようにしています。そんな私が不気味なんでしょう。今のところ放っておいてくれます。

婚外の恋愛に救いを求める同じ境遇の女性へ伝えたい。

「あなたはモラハラの被害者かもしれない。自分を大切にして」。

今は男性と出会い、癒しと自由を得たと感じているのでしょうね。でも本当にあなたを愛しているなら、不倫というリスクにさらすはずがありません。夫にばれれば、ろくに財産分与もされず離婚されるか、もっと激しい虐待に遭うかもしれない。

私は「倫理に背く」から不倫を許せないのではありません。解決にならないからです。自身の人生を取り戻す方向に気力と体力を使ってほしい。

私もいつか夫との関係を清算し、一人の女性に戻れる日が来たら、恋もしたいと思っています。

夫もいるけど彼氏もいるって人の
話聞いたんだけど
その人の夫が
ネットゲーム中毒なんだって
やめてと言っても聞かなくて
SUNDAY
だんだん
ゲーム中毒なことがありがたくなってきたって言ってた
それでもバレて夫に訴えられたら
子どもに会えなくなったりするリスクもあるんだよね？
そうなんだけど
家事も育児も家計もその人がやってるから
負ける気がしないって言ってた
その夫婦、まだ籍が入ってることがスゴいね

不倫してる人は楽観的だ
バレるリスク?
それは大丈夫
ええー
なんで?!
うーん だって絶対ないもん
いやいや けっこーつながってますけど?
同僚
夫婦
知人
夫婦
友人
同じ業界
んーでもやっぱバレるってことは
どう考えてもないし
私私ー!
私が実はものすごいアブない奴か超おバカな奴だったら
A HAPPY NEW YEAR 2017
同僚の彼氏とはうまくイッてる?笑 うらやましいぞっ! こんど写真みせてね!
年賀状に書いちゃうかもしれないじゃん!
夫~
書かないけど!
でも!
あの人は知ってるけど
あの人は知らなくて
この人の前では言わないでね~
あとこの人とあの人と…
覚えきれないよ~~
聞かされてる私も協力してるってことになる?
でも話してもらえないのもさみしかったりして…

読者のモヤモヤ

10年ぐらい前、夫に裏切られました。悩んで泣いてを繰り返し、夫のことはもう信じられません。でも子どもがいて生活がある。離婚は無理です。割り切って**相手が死ぬのを待つしかありません。**裏切られた側の気持ちを思うと、不倫は罪。擁護するような空気もありますが、ダメなものはダメなんです。

（46歳　主婦）

悪いと思いませんが、隠すのは最低限のマナーだから、**隠せない人はするべきじゃない。**バレたりハマッたりしなければ、不倫は楽な恋愛です。

（35歳　会社員）

約30年連れ添った夫の不倫を知ったのは、夫の死の半年前。夫は「彼女は同じ方向を向いている」と語り、その相手は葬儀を仕切って遺骨も持ち去った。**戸籍上の家族の思いなんて簡単に踏みにじられる。**事実婚の方がいいのかもしれません。

（62歳　パート）

脳卒中で寝たきりの夫。胃ろうと気管切開で入院している。昨年、遺言書を作る折、婚外子の存在がわかった。人当たりがいいので遊んでいると察してはいたが、30年も前に2人認知していたとは。**自分の過去をシュレッダーにかけられた気分だ**。いま離婚しても何の得にもならないと親戚に言われた。不倫は誰を幸せにしたのだろう。

（74歳　主婦）

子どもが小学生のころ、夫は6年間不倫していた。扶養義務だけ期待して割り切ったけど、むなしかった。**謝らない夫を当てに生きてきた自分が嫌い**。

（60歳　主婦）

夫が職場の女性とダブル不倫していたことが2年前に発覚。過呼吸や不眠が続き、職場に行けなくなった。今も精神科に通院しています。元の私に戻してほしい。**人をだますのに正当性はありません**。離婚後に好きにしたらどうですか。

（40歳　団体職員）

4 不倫 男にも言わせて

エピソード❶ 妻からの拒否7年 なぜ俺だけ責める

■45歳の男性は30歳を過ぎたころから妻にセックスを拒まれるように。まったくなくなって7年がたつ。やり場のないむなしさを埋めてくれたのは、会社の女性の同僚。あるとき、妻にその関係を疑われて、謝罪を求められた。セックスレスは妻のせいなのに、なんで？

2人目の子どもが生まれた後から徐々にセックスレスに。1カ月に1回が3カ月に1回、そして半年に……と絵に描いたような流れ。妻は「子育てしていると、その気にならない」。状況を変えたくて、「俺は下手なの？」と聞いてみても、「そんなことないよ」と言うだけ。セックスレスのせいで、たくさんけんかをしました。

妻をとても愛していました。だからこそ、繰り返し拒否されることが苦痛でした。もしかして、だれか別に大切な人がいるの？　そんな妄想も抱くようになり、つらかった。

幸いなのかどうか、妻は「プロなら好きにして」とキャバクラや風俗には寛容でした。報告しなくていいという条件付き。私の小遣いで行けるのは月1回程度。30代はそうやってやり過ごしましたが、心は満たされなかった。

そんなとき、同僚と深い仲になりました。相手は独身ですが、私は妻との関係を「男と女としては終わっている」と説明していました。

少し調子にのってしまい、2度ほど外泊したら、妻に疑われました。「休日にあなたが1人で出かけたり、外泊したりするのは耐えられない」。そう言って妻は泣きました。あれだけセックスを拒んだのに、外でしたのがそんなにいけないことなのか。謝罪を求められましたが、納得がいきません。謝る気はなく、浮気も認めませんでした。以後、外泊はやめました。

自分が悪いのはわかってます。でも、したくてした不倫じゃない。どうして自分だけ責められるのか。

今も同僚のことも好きで関係は続いています。だから、妻には穏やかに接することができます。セックスを一切求めないので、仲良くできるのです。その女性の存在で、うまくいっていると感じます。

子どもがいるから離婚する気はありません。妻がセックスに応じてくれれば、その女性と別れて、丸く収まるかもしれない。そんなことは起きないと思いますが。

エピソード❷ 好きという気持ち 縛るのはどうか

■彼女は同僚だった。職場で毎日顔を合わせてきた。だが、彼女が異動で離れてしまい、喪失感が募ったと40代の既婚男性は言う。

年上の彼女はさばさばしていて、職場の誰ともいい関係が作れる人。すごく尊敬できた。残業で帰りが一緒になって飲みにいくと、的確に仕事のアドバイスをしてくれました。彼女が部署を変わってしまったため、職場の人間関係がぎくしゃくして悩んだ。メールや電話で頻繁に相談するようになりました。

仕事帰りに待ち合わせして、食事をするように。彼女も既婚者。個人的な話題になり、「夫にほったらかしにされている」「夫は忙しがって、休みに一緒に出かけることもほとんどない」。こんな素敵な人なのに。もっと幸せになってほしい。そう思ったのは、もう愛情だったかもしれない。

ドライブに誘った。2、3時間のドライブですが、安らぎます。月1、2回会うようになった。でも、性的な関係はありません。ご飯を食べたり、お茶したり。クリスマスや誕生日にささやかなプレゼントをするだけです。「お互い配偶者がいるんだから、それ以上はダメ」と彼女からも告げられていた。

ところが、夫が彼女の携帯のメールを見たんです。それで、「二度と会うな」ということになり……。それ以来、会っていません。

既婚者は恋愛してはいけないのでしょうか。人間として魅力のある人は、結婚していてもやっぱり魅かれます。そういう女性と話すと、自分も向上できる。結婚したら、異性は見るだけの存在と割り切らないといけないのか。家庭を壊していいとは言わないが、好きという気持ちを縛るのはどうか。私も妻とはうまくいっているけれど、彼女への気持ちも抑えられない。

私の配偶者に不倫の相手がいたら、自分の不甲斐なさを感じるでしょうね。自分も足りないところがあるんだなと。すべて相手のせいにするのはおかしい。そういうことをした配偶者を選んだのは自分自身ですし。夫婦って、恋愛とはレベルが違う苦労をともにし、努力して関係をつくっていくものだと思う。

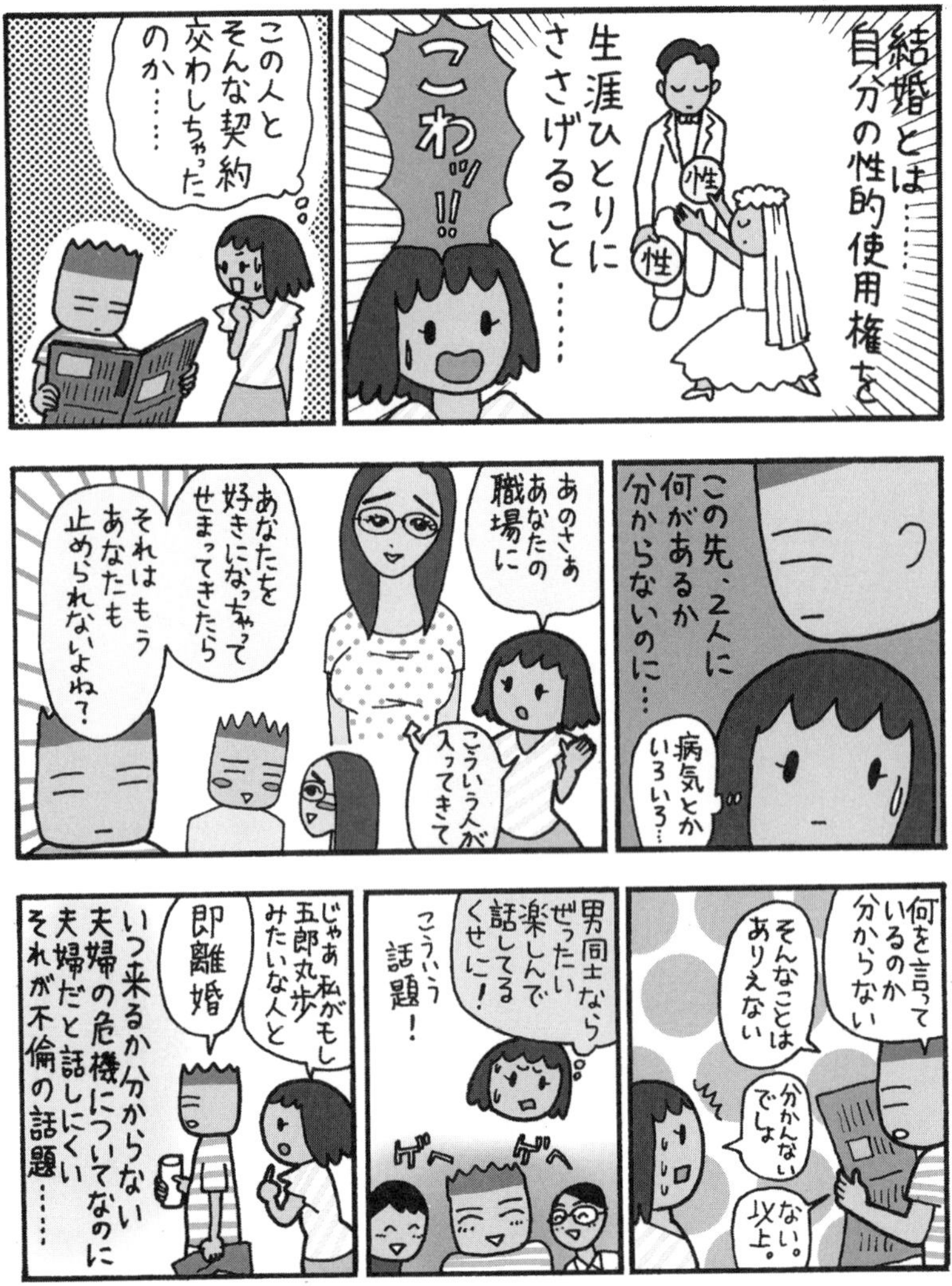

結婚とは……自分の性的使用権を
性
性
生涯ひとりにささげること……
こわッ!!
この人とそんな契約交わしちゃったのか……
この先、2人に何があるか分からないのに……
病気とかいろいろ…
あのさぁあなたの職場に
こういう人が入ってきて
あなたを好きになっちゃってせまってきたら
それはもうあなたも止められないよね？
何を言っているのか分からない
そんなことはありえない
分かんないでしょ
ない。以上。
男同士ならぜったい楽しんで話してるくせに！
こういう話題！
ゲへ
ゲへ
じゃあ私がもし五郎丸歩みたいな人と
即離婚
いつ来るか分からない夫婦の危機についてなのに夫婦だと話しにくいそれが不倫の話題……

知人の40代男性
奥さんが応じてくれない
どのくらいですか？
もう2年になるね
それは長いですね
行為自体が好きじゃないんだ
つらそうだなー
浮気に走っちゃうってこと
あるよね？仕方ないよね？
え?!
いいよね？
俺だって男だもんね？
知りませんよ…
不倫のきっかけの責任を私たちに押しつけている…？
いや、責任を自分の下半身にとらせている…
奥さん
行き場がない…
俺は悪くない
同僚
男だから仕方ない
じー
そういうメンタルが日常生活でも出ているのでは…
さらにタイミングが致命的だったり誘い方がド下手だったら…
今?!
夜中だよ!
ねてたのに!
モーミモーミ
やめてよ!
2年くらい断り続けてしまうかもしれない…

情熱は婚外恋愛で

亀山早苗氏（フリーライター）

「結婚しなければ不倫もない」。社会学者の上野千鶴子さんに指摘され、目からうろこが落ちました。上野さんいわく、結婚とは「自分の身体の性的使用権を、生涯にわたってただ一人の異性に譲渡する契約」。

結婚という制度にのると世間的にはラクだけれど、人の気持ちは縛れません。新聞掲載時の読者意見を読み、「結婚したら生涯一人を愛し続けるもの」という価値観の根強さに驚きました。自分の気持ちも相手の気持ちも変わらないなんて、なぜ信じられるんだろう、と。

これまで千人を超す不倫の体験を取材してきましたが、最も多かったのは、40～50代の主婦の不倫。更年期を迎え、女として焦りや孤独をつのらせる。夫は家族であり、男でなくなる。結婚という形は崩さないまま、情熱は婚外恋愛で満たすんです。

60～70代の話も聞きます。以前、70代の女性から手紙をもらいました。散歩で出会う80代の既婚男性と恋に落ちた、とありました。ラブホテルのベッドで寄り添うだけで幸せ。夫から強制されるセックスに耐えてきて、夫の親もみとった。「やっと女に目覚めた。老い先短い私を神様は許してくれるでしょうか」とつづられていました。

一方、40～50代の男性は、妻の不機嫌が一番怖いようです。セックスを求め、「そんなことばかり考えてるなんてサイテー」と妻に拒まれた日には、立ち上がれないほど傷つく。会社にも家庭にも居場所がなく、飲みにいくお金も乏しく。モヤモヤから婚外恋愛に向かうのでしょう。

不倫された側には、プライドを傷つけられたという怒りがある一方、好きなのに裏切られたと悲しむ怒りもあるといいます。そこにいて当たり前になっていた夫の存在。こんなに好きだったんだと気づく。好き！　とシンプルにぶつければ、よりがもどるケースが多いです。不倫の事実に向き合うとき、どうするのか。夫婦の試金石かもしれません。

芸能人らの不倫の話題が続きますが、世間が芸能人を非難することには違和感を抱いています。断罪できるのは配偶者だけだと思うから。いや、もしかしたらひとりの人間の心の中は、配偶者でさえ断罪できないのではないかとさえ感じます。

なぜ不倫をするのか。結婚は家庭をつくることで、恋愛を続けることではないから。不倫に賛成も反対もしません。現実にそこにあるということです。

家庭では自分が存在していることの承認欲求が満たされない。充実感が得られない。恋愛でこそ、自分が生きていると実感できる人が多いのは、家族が抱える闇を浮き彫りにしているのかもしれません。深く考えていくと、不倫の問題は単なる婚外恋愛ではすまないとも思います。

第3章

女の性意識

なぜ、自分は「性」をこんな風に受け止めるのだろう、と考えたことはあるだろうか。
両親の関係性、母の行動や言動、または異性のきょうだい、友人、メディアの影響。
性意識に影を落とすものは人それぞれだが……。

1 性意識 知らず知らず

エピソード1 頭の片隅に母がいた

■中学のころには一緒に映画に行く彼がいた。初キスは大学生のとき。でも、初めて最後まで関係を持ったのは結婚後に夫と、と話す主婦（50）。「性的なことはタブーという意識を知らず知らず母から受け継ぎ、私の根底にずっとある」と言う。

母自身が何か具体的に言ったわけではありません。言葉の端々《はしばし》から、性的なことは表に出すべきじゃないと感じ取っていました。今はLGBTの話題がニュースになりますが、子どものころに「そういうのは口にすべきじゃない」と言われたのが、母が性に関してコメントした唯一の記憶です。

私は一人っ子で、母と友達のような仲でした。彼氏から手紙が来たら、「なんて返事書いたの？」と聞かれ、素直に答えていました。探りではなく、私が何でも楽しくしゃべっていたんです。そんな中で、言っていいことと、心の中で留めておかないといけないことを、ニュアンスで区別していました。母の信頼を裏切ってはいけないという感覚です。高校時代、友人が濃厚な交際をしていて、「行き過ぎでは」という考えをすでに持っていました。

大学生で一人暮らしを始め、彼がよく泊まりに来ました。そのとき初めて、体を重ねる感覚を知りました。その後も何度か機会があり、セックスに対する意識が固まりました。最後まではしませんでした。それが2人の暗黙のルールに。彼も納得していたと思います。

頭の片隅に母がいました。一心同体化していたんでしょうね。結婚するまでしちゃいけないって。結婚が決まっても、結婚前に一線を越えていいのかどうかを考えました。「操をたてる」価値観を持ったことは嫌ではありません。自分で責任を持てるようになってからが大事です。私はセックス自体あまり好きではありませんが、最近になって、大学時代の彼のような、ゆっくりやさしい関係がいいと思うようになりました。これも、その彼が私にとってほどよい感覚を教えてくれた最初の人だったからかもしれません。

私には20歳を過ぎた娘がいます。性的な話題を避けないようにしていますが、逆に娘の方が厳しい考え方をしているようです。

エピソード❷

女であることに恐怖心

■性意識の深層なんて考えたこともなかった。今回のテーマについて1週間考え、記憶が呼びさまされたというシングルの会社員（53）。それは母の何げない一言だった。

お互いを尊重して理解し合うためのコミュニケーションがセックス。同意の上なら、タブーはないと思っている。私はイヤなことを強いられたこともなく、不安を抱くこともなく、それはいいものだと思っています。だけど、性意識がどこから来たのかと考えているうちに何か違っていたのでは、と落ち着かない気持ちになりました。

「あんたができたとき、ああ、これで私の人生は自分の人生じゃなくなるって思ったわ」。中学生のころ、母に言われました。おそらく反抗期でかわいくない娘に腹だちまぎれに言ったのだと思います。その後も何度か、その言葉を聞いた覚えがあります。きっと本心だったのでしょう。私も「産んでくれと頼んだ覚えはないわ！」と言い返しました。深刻に受けとめてはいなかったつもりです。

20〜30代ごろですが街をゆく妊婦さんを見るのが気持ち悪くて、避けていました。生々しく感じられ、おなかの大きい人を直視することができなかった。理由は謎でした。

交際した人には「赤ちゃんができたら困るでしょ」と言って、避妊に協力してもらいました。結婚して子どもがほしいと私自身が願った人もいました。なのに、彼が「一緒に住みたいね。子どももほしいね」と言うと、聞こえないふりをしました。どうしてかわからなかった。

妊娠のリミットが近づいたころは子どもがほしいなぁ、さみしいなぁと思った。だけど今振り返れば、本当にほしかったのだろうか。ほしいなら行動して結婚すればよかったのに、何もしなかった。思いと行動がかみ合っていないんです。

そして気づきました。怖かったんです。私は女であることに恐怖心がある。子どもを産むことは女であることの証。だけど、子どもを産むと自分が自分でいられなくなる。無意識のうち、母の一言にとらわれていたのかもしれません。母のせいにするわけではないけれど、自分から産む性を切り離した人生です。

40歳手前ごろ、母に「結婚しなくてもいいから、子どもだけでもどうなの」って言われました。孫の顔は見たかったんですね。

エピソード3 男性の実像知らず 少女漫画に憧れた

■少女漫画のドラマチックな恋愛に憧れたという主婦(43)。セックスは、深い愛情の先に開かれる世界だと思っていた。

3人姉妹の長女で、父親は長期の単身赴任で不在がち。男性の実像をよく知らないまま育ちました。小学校高学年のころ、友達から「赤ちゃんは、お父さんとお母さんがセックスして生まれてくるんやん」と聞かされて、びっくり。中学ではみんながサッカー部の先輩にキャーキャー言っているかたわらで、私はアリの巣を観察していました。おっとりした子どもだったと思います。

少女漫画が大好きでした。いがらしゆみこさんが描く『ジョージィ!』とか、ドラマチックな恋愛に胸躍らせ、正義感あふれる強い男性が自分の理想になりました。女子高に進むとちょっとやんちゃな友達ができて、性にまつわるいろいろなことを教わりましたが、それでもどこかひとごとでした。

20代後半に夫と出会って、愛し合う喜びを知りました。毎晩帰宅が遅くなり、母親から「結婚したら毎日でも（セックス）できるわ！　いい加減にしなさい」と叱られるほど。半年後に結婚しました。2人の子どもに恵まれましたが、今、夫との間は秋風吹きまくり。産前産後の本当に大変だった時期に優しくしてもらえなかった。そのことがずっと引っかかっています。妊娠中に荷物を持ってと頼んだら「病気じゃないんだから、それくらいできるだろ」と断られ、子どもが生まれたら「仕事で疲れているんだ。寝かせてくれ」と。何を言っても無駄。気持ちがすーっと冷めた。スキンシップは夫が強く求めるからたまに応じますが、思い浮かべるのは腹筋の割れた韓流スターです。

少女漫画で、セックスは愛を確かめ合う手段として描かれていました。そんな関係に憧れてきたからこそ、夫との行為が余計につらいのかもしれません。

知り合いのママさんで次々にオトコを作っているとウワサの人もいます。でも、私はそんな気持ちになれない。毎日のウォーキングでステキな風景を見た方がよっぽど気持ちいい。

男女が両思いになってハッピーエンド。そんな少女漫画を恋愛の教科書としてきたけど、その先にはロマンもドラマもなかった。もう恋愛にもセックスにも憧れはありません。

小5の時
某テレビ番組
教育スペシャル
命と性
結合部のCGが
このように…
男女の性器は…
回転していた
ドラマで裸でベッドに入ってるのは、コレをしてたんだ!
オハヨ!
?!
嫌悪感よりも謎が解けた快感がすごかった!
赤ちゃんができました
精子が卵子に……
ポン!
高2の時の性教育はとても暗くて
とにもかくにも避妊!! 避妊!!
セックス
妊娠
人生破滅!!
だけど、友だちはみんな明るく取り組む子ばかりだった
えーどうだった?どうだった?!
えっとね あーでこーで
もっと楽しまなきゃだめ!
そっか〜
いいよねHって♡
そうなんだー!
私のセックスは彼女たちと作りあげたんだなぁ
と、30歳を過ぎてから気付きました
男に教わったと思ってたけどそうじゃな〜い

20年来の友人Aさんとは性についての話を一切したことがない
このお茶おいしかったよ あげる～
オーガニックTEA
セックスってさー
あー そっか～ ほーう
……そういえばさ
避けるとか嫌がるではなくいい感じにスルーされるから
Aさんといる時はそういう話はしない
と最初の頃決めた
きっとイヤなんだ
そんな私たちももうすぐ40才
5本指ソックス新調したよ
あ ホントー
あのね
さいきん思うんだ
セックスってやっぱ大切だなって。
うん!! わかる。大切だよね
だよね
顔を赤らめずにフツーに言うAさんがステキでそんなAさんと友達なのがうれしいと思った
男には風俗あるけど女にはないってへんじゃない
ねー不公平だわー

読者のモヤモヤ

セックスは汚い。そんなイメージがあったのは、性教育を受けていなかったせいか。結婚したころは子づくりのためと思っていた。離婚後に出会ったパートナーとセックスレスに。なぜ話し合わなかったのか。

メディアから得られる情報は快楽についてだけ。本来の性は思いやり、肌の触れ合いの温かさ、心のつながりではないか。

（66歳　パート）

私が膀胱炎になったときに拒むと**「しないから病気になる」と怒り**、小学生の子どもの前で「セックスしたらよく眠れる」という夫。別れました。

（56歳　パート）

夫は自閉症スペクトラムの傾向があり、自分が楽しいことは私も楽しいと思う。**彼には週1回セックスするというルールがあり、断ると逆切れされます**。嵐が過ぎ去るまで耐えますが、した日に彼はカレンダーに印を。暗澹《あんたん》たる気持ちになる。

（54歳　事務）

私は幼いころから目立ちたがりで、性についてもオープン。妄想も大好きです。元彼や親の影響でセックスを嫌いになったという人もいるでしょうが、**呪縛から解放されて、セックスを楽しめるようになってほしい**と切に願います。自分の体を自分で慈しむことは人生をより豊かにすると思うのです。

（36歳　アルバイト）

祖母に**「結婚するまでダメ」**と言われ続けました。22歳で大好きな人と関係を持ったときは心底満たされ、祖母への罪悪感はなかったです。

（47歳　絵画講師）

セックスはあくまで妊娠のためだったので、数えるほどしか経験がありません。15年ほどレス。今誰も私に無関心。**このまま人生が終わるのかと思うとむなしい**。楽しみは、女性向けアダルト動画をスマホで夜中に見ることです。

（47歳　パート）

2 性の対等なんて無理

いいセックスってなんだろう。女性の性が軽く扱われる世の中で、男女が対等にセックスを楽しむことはできるのだろうか。社会活動家の仁藤夢乃さんは問いかける。

仁藤夢乃氏（社会活動家）

それって性暴力だよ

14歳の女の子の話です。ネットで知り合った「年上の彼氏」に「こんなセックスをしたい」とAVを見せられ、超汚いトイレでセックスし、裸で路上を歩かされ、異物を膣に入れられ、動画に撮られたという。

それって性暴力だよ、あなたが大切ならそんなことしないよ、とこちらが言っても、本人は被害を受けたとは思っていない。愛情表現だと思っている。

その後、彼女は中学生がレイプされる漫画や動画を大量に集めるようになり、「不安なとき、これを見てオナニーすると落ち着く」と。AVに出ようとしたり、危険な行為で血だらけになったり。支援者につながって施設に入っても、男性の支援者を誘って肉体関係になり、また居場所をなくしていく……。

そんな彼女が性を楽しんでいるといえるのでしょうか。私にはそうは思えない。

「大切に」は無意味か逆効果

心の傷、トラウマの表れ方の一つに「再演化」があります。かつて被害に遭ったときと似たような状況を作り出しつつ、積極的に誘惑的に振る舞うことで、自分の無力感を払拭しようとするのです。

また、苛酷な環境で暮らす子の中には、性行為に応じることが生き延びるための手段となってきた子もいます。性的につながらなければ居場所が与えられないと思い詰めてしまう。

そうしたトラウマを理解できず、支援者は「もっと自分を大切にして」と言いがちです。でも、それは無意味か逆効果です。周りから認められずにいた子は、自分を大切にしようとは思えないし、どういうことかすらわからない。「自分を大切に」と言うだけでは、「大切にできないお前が悪い」と責任をなすりつけることにつながります。

私たちは、自分を大切にしたセックスをしているのでしょうか。

冒頭の彼女ほどの経験でなくても、例えばコンドームをつけない、痛みを伴うセックスを強要されて、心や体に傷を負っても、そんなものだとあきらめてしまう女性は案外多いのではないでしょうか。

性を「買われた」女の子たちが体験や思いをパネルで伝える「私たちは『買われた』展」を各地で開いたことがありました。すると、ネット上で猛烈な批判にさらされました。「売っていたのを買って何が悪い」「被害者ぶるな」など、数百件に上りました。子どもへの性虐待であるのに、対等な売買として正当化する人がたくさんいる。ショックでした。

商品化に感覚まひ

女子中学生のアンケートに関する新聞記事によれば、「雑誌や広告に女性のヌードや水着姿が載っているのを見たら嫌な気持ちになる」という回答が激減したそうです。性の商品化が当たり前になりすぎて、違和感を持てなくなっているのです。

女子高生どころか、中学生や幼女までをも性的対象とすることが「萌《も》え文化」として容認され、暴力的なAVがスマホで簡単に見られる。

性は自分のためのものではなくて男の人のためのものだと、女の子は小さいときから理解させられています。そうした現状に抵抗感や嫌悪感を示せば、面倒くさい、つまらない女だと思われる。そんな環境でどうやって女性が主体的に性を楽しめるのでしょう。

性教育の専門家の村瀬幸浩さんからは、もっと女の子が性を前向きにとらえられるような発信をしては、と提案されました。気持ちはわかります。でも、無理。女の子たちがこれだけ性で傷ついているのに、「前向きに、主体的に楽しもう」なんて、私は言えない。

私自身、セックスはぜんぜん主体的じゃないです。中学生に「セックスでしてほしいこと、してほしくないこと、ちゃんと相手と話し合って」と呼びかけるのに、自分はパートナーに聞かれても答えられない。

ふとしたときに、過去に男性から性的な目線にさらされた嫌悪感を思い出します。パートナーとは付き合いも長いし、信頼している。セックスを拒否するほどではない。でも、早く終われと思ってしまうこともあります。

ひとりひとりが暴力におびえることなく、対等に生きられる前提があって初めて、自分を愛し、主体的に生きることができる。いいセックスは、その延長線上にあるのかもしれません。

3 「対等に性楽しめず」賛否

エピソード① 先輩と後輩の関係 嫌なことも拒めず

■高校時代に付き合っていた部活の先輩から不本意な性行為を強要され、嫌と言えなかった。アルバイトの女性（32）は振り返る。

16歳のときが初めての経験でしたが、上下関係と尊敬の感情とで、先輩に嫌なことも嫌とは拒めませんでした。見晴らしのいい公園で半裸に近い格好をさせられたり、カラオケ店で何度も手淫を強要されたり。

先輩は「学年一、アダルトビデオに詳しい」と言われていましたが、私は初めてのことで拒絶もできず、ウブで知識がなかった。先輩が私に求めることは男女が普通にするのかな、と受け止めていました。

部活での先輩後輩の関係と、交際する上の関係を切り分けられたらいいのですが、高校生だとそんなこともわかりません。後で考えると、先輩はアダルトビデオの行為を実践してみたかっただけ。私は、先輩に対して抱いていた理想像が幻想だと認めたくなかったんでしょうね。しがみついていた感じです。今だったら踏んづけてやりますよ。

私が中高生のころ、母がヒステリックで、すぐカッとなって手が出ました。父は仕事で不在がち。家のことに関心がありませんでした。家に居場所がなく、何度も玄関前で家出するかどうか迷いました。早く結婚して家を出たい、すべてを受け入れて愛されれば、それがかなう。そう思い込んでいました。子どものころから見ていたハリウッドのラブロマンスの影響もあって、恋愛と結婚に理想を求めていました。

その後は、アルバイト先の同僚と性的関係を持った後に居づらくなって辞めて居場所をなくしたり、自分から男性に近づいて関係を持つよう仕向けたのに、なんとなく被害者感情が残ったり。かつて経験した状況をつくり出す「再演化」など、居場所がない女の子の気持ちが少しわかります。

エピソード❷ 性的創作物で発散 大目に見てほしい

■中学生や幼女までも性的対象とする「萌え文化」を批判した仁藤さんの発言に、会社員男性（46）は「激しい反発を感じた」と言う。

自宅には成人コミックや同人誌、ライトノベルが約2500冊あります。週の半分はオタク専門店に通っていますから、オタク呼ばわりされても弁解の余地はありません。

中学、高校と男子校で過ごした自分がいわゆるモテキャラではないと知ったのは、国立大学に進み、サークルで一定数の女子があいさつを返してくれないことに気づいたあたりでしょうか。

大学院に進みましたが、就職難で満足な就職先が見つからず、小売店で魚をさばいていました。薄給で長時間労働、年下の上司から理不尽に怒られる毎日。カップ麺に湯をかける気力すら湧かない寮の一室で、成年コミックだけが「戦友」でした。だから戦友を侮辱されたら、黙っていられないんです。

風俗には行かないし、アダルトビデオもほとんど見ません。生身の女性の人格をおとしめるような性的表現は避け、二次元の創作物で性欲を発散してきました。真面目に生きてきたのに変わり者扱いされ、学生時代に「ウンコチンコ」と尾籠《びろう》な話で喜んでいたヤツらの方が人生うまくいっているようで、皮肉なものです。

「金なし、ヒマなし、魅力なし」の貧困男子が性暴力やテロを起こさずにいられるのは、二次元の性的創作物が一役買っていると断言できます。しかし規制は強化され、僕たちからそれすら奪おうとしている。

暴力的なポルノが批判の対象になりますが、どこまでが許されてどこからがアウトなのか、簡単に線引きはできないはずです。自分の性欲をいかにコントロールするか、性教育の果たす役割は大きいと思いますが、創作物の規制に向かうのはナンセンスです。

性的創作物、そしてその愛好者である僕らは、台所にいるクモみたいなものです。アシダカグモ、ネットで検索してみてください。キモイし、うっとうしいけど、いないとゴキブリがはびこります。認めろとまでは言わないけど、大目に見てもらいたいんです。

女性たちがしんどい立場に立たされてきたことは理解します。でも、男だってしんどい時代です。

今の職場でも、女性の同僚３人のうち２人はあいさつどころか、黙礼すら返してくれません。家族以外の女性に受け入れてもらえない人生。自分のことを無視も叱責もしない、架空の女性に癒やされたいと願うのは許されないことでしょうか。

小5の時
一緒に塾へ通ってた
美江子ちゃんは事情通
美人
聡明
成績優秀
それでね
あれでね
この人は
こーで
あーで
そうなんだって
ペラ
ペラペラ
へぇ〜
そうなんだ
うわー
なるほどー
うのみ
当時大流行していた
お笑いタレントの
ギャグのひとつに
ズッコン
バッコン
というのがあった
ズッコン
バッコン
あれってさー
赤ちゃんが
生まれる言葉
なんだって〜
え？
おしべ
めしべ
ズッコン
バッコン
赤ちゃん
あれが？
なんで？
わかんないけど
そうなんだって！
どういう
こと？
だから 知らないよ！
でも
そうなんだってば！
それでねー
あれでね
ペラペラ
初めて美江子ちゃん
を疑った
この人が言ってる
ことは本当なの
だろうか？
その後、30年近く経った今…
イエエ〜
ジャス
ティ〜
あんなギャグ
が流れてる
時代の子育て
って、大変だった
ろうな〜
えほん

"援交ブーム"の頃女子高生だった私
デートクラブ行こうよ！お菓子食べ放題で1000円くれるんだよ！
歌舞伎町にあるの
クラスのコギャル
ちなみにこういうところ～
雑居ビルの一室
女の子の部屋
マジックミラー
客の部屋
7番だって～
内線
7番の子デートに行こう
2人で外に出る
デートはイヤならしなくていいし～
断る度に
「こんなにお得なのになんで?!」という顔をされるのだった
なんかこわいから行かな～い
え～
大人になってからも同じシステムを目にする
JKビジネス問題
コメンテーター
買う男が悪いのは当然だけどよー
売る小娘も悪いんだよ
「お得」で釣ってるのは大人のほうで
ねーねーキミたち
いるだけで1000円あげるよ！雑誌も読み放題！
デートはイヤなら断っていいから！
大人の手にかかれば子どもなんて意のまま
くつ下脱いで渡すだけで3000円プラスだよ
そうなんだー
エスカレートも
学校と親に言っちゃうよ？
言いなりにもしやすい
なのになぜか、立場が逆転してるイメージを持ってる人が多すぎる
大人を誘惑して食いモノにする生意気な小娘が悪い！
インターネット
なんでそうなるのよ

みるからにオバチャンになった38歳の今も
細い道で男性とすれ違う時
殴りかかってくるんじゃないか？
へんなことしてくるんじゃないか?!
どうやって身を守ろう？!!
ホッ
何もなかった
実はすごく緊張してます
小学生の時から見知らぬ男性達に怖い思いをさせられてきたから。
すれちがいざまに
さわられる
ヒワイなことを言われる
暗い道で
抱きつかれる
あとをつけられる
そして「そういう目に遭いたくないなら自分で身を守れ」と言われ続けてきたから。
学校の先生
短いスカートはいてるからだろ
まるで私たちが悪いみたい！
コンビニやテレビからは常に自分たちが標的になっているというメッセージを受け取っていたし
本当にこんなラインナップだった…
投稿フォト
少女♡盗撮
女子高生隠し撮り
ぬすみ撮り専科
ロリ
少女たちの危険な夏！
ワイドショー
徹底取材
援助交際の実態！
その理不尽を訴えれば
未だに道ばたの男性が怖いんです!!
オマエみたいなババア誰もさわらねえよ!!
自意識過剰！
男の性欲を否定するのか！
このような反撃をされる。このループはいつまで続くのでしょう。

読者のモヤモヤ

20歳の娘は一人暮らし。彼氏ができたと教えてくれて、いよいよ**性の扉を開けるのね**と思っていた矢先、「避妊に失敗したからアフターピルを飲む」と電話。その後、彼氏とは別れました。学生の自分にも妊娠がありうることの重大さに気づき、求められても怖くなったようです。女性が性を楽しめない現実がそこにあります。（54歳　主婦）

セックスって体の触れ合いだと私は思っているけど、**夫は挿入だという認識**。最後までしないとっていう義務感みたいなものに何だか疲れます。（35歳　公務員）

人間の性交や性的嗜好は千差万別です。それなのに社会で許容される性的嗜好の範囲は限定的。適切なパートナー同士が年齢や性別を超えて、社会の批評を気にしないで結ばれれば幸福です。**他人から見てゆがんでいても最上な結びつき**です。（61歳　男性　教員）

4 すれ違い続ける男女の性

なぜ私たちのセックスはすれ違い続けるのか。
社会起業家で評論家の勝部元気さんは、アダルトビデオ（ＡＶ）の影響を指摘する。

勝部元気氏（社会起業家・評論家）

男女のコミュニケーションの欠如

「セックスに前向きな気持ちになれない」という仁藤夢乃さん、「成年コミックだけが戦友だった」という46歳男性、どちらも今の日本を浮き彫りにしています。

性の商品化がはびこる中で、女性は、性的価値で評価・序列化するまなざしに傷つき、性への不信感や拒否感を強めています。一方で男性はポルノや風俗にハマり、現実の女性ときちんと向き合えずにいる。

男女のコミュニケーションの欠如は、セックスにおいても断絶をもたらしています。セックスでしてほしいこと、してほしくないことや痛みの有無など、事前事後の意思疎通が不可欠なのに女性側が発信できない。性に関して「女性ははじらいのある方が良い」「男性がリードするもの」といった価値観や、女性に意見されると自分を否定されたように感じてしまう男性の狭量さが女性の本音を封じ、結果的に男性の身勝手なセックスが横行してきました。

いびつさ描くＡＶ

性の商品化の最たるものであり、男性たちがセックスの教科書としてきたのがＡＶです。「あれはフィクションだ」と物わかりの良さを装っても、まったく毒されていないと言えるか、胸に手をあててほしい。

ＡＶが描く男女の関係は相当いびつです。多くに共通するのは「フェティシズム」「背徳感」といった非日常性。レイプをはじめとする暴力的な描写も多く、女性への抑圧・支配の願望が投影されています。カップルが対等かつポジティブに楽しむ姿を映した作品はわずかです。

なのに、ＡＶの規制は局部のモザイクの有無だけ。内容が一切不問なのは極めて問題です。いまは小学生がスマートフォンでどんな映像でも簡単に見られる。欧米が取り組むような表現規制の強化が必要です。

シャワーを浴びるようにＡＶを見続けると、愛情と結びつかない性欲が暴走し、性的嗜好がエスカレートします。そして、女性の人格と肉体を乖離《かいり》させ、性的なまなざしで眺める習慣が定着してしまうのです。

こう語る私自身、ＡＶの問題性を理解しながらも「フィクションだと認識していれば問題ないだろう」と、そうした映像をつい見てしまうこともありました。

断捨離で関係改善

しかし、少なくない女性が性の商品化に対する不快な思いや、ＡＶまがいの行為を強要されたトラウマを抱え、性に否定的かつ消極的となっていると気づきました。そういう構造に関わってはいけないと思い、20代半ばから取り組んだのが、「ＡＶ・アイドル断捨離」です。半ば強制的に性衝動をかき立てるＡＶやアイドル情報を遮断することで、女性に向ける性的なまなざしをオン・オフできるスイッチを体得したのです。結果、女性の友人との関係が飛躍的に良くなりました。一人の人間として向き合っているかどうかは、相手に通じるもの。より本音で話してもらえるようになりました。セックスもＡＶをなぞって押しつけるよりも、相手を尊重し、相手が安心して自身を解放できるようになる方が、何倍も楽しいはずです。

世間では、男性について「ＡＶを見るのが当たり前」「本能的にムラムラを抑えきれない」といった思い込みがあふれています。まず男性がこうした思い込みからの脱却を図るべきではないでしょうか。

男性は実は内心、自らの性を汚らわしくとらえているように感じます。性をポジティブに教えない家庭や教育にも原因がありますが、ＡＶがはらむ暴力性・抑圧性が自らの性意識を侵食していることを、やましさとともに自覚している人も相当いると思います。

自らの性を肯定的にとらえ直すため、ＡＶを手放すことも選択肢の一つだと伝えたいです。

最後に、パートナーがおらず、「非モテ」を自称する男性へ。モテるか否かが人の価値を決めるような「モテ至上主義」がはびこる中で、自らを非モテの枠に押し込めていませんか。そんなレッテル貼りはモテの呪縛にとらわれている証しです。現実には、ありのままの自分を許し、包み、癒やすアニメのヒロインはいませんが、女性を特別視せず、同じ人間としてフラットな関係を築いた先に、幸せの幅は大きく広がると思います。わかり合うためには、会話が苦痛と思われない程度の変化は必要です。意思の疎通は多少の労力を要するものです。でも、可能性をあきらめないでほしいのです。

5 「AVが教科書」の影響

エピソード❶ ゆがんだ嗜好の伝染を未成年から防ぐ

■AV断捨離によって、女性を常に性的なまなざしで見ることから解放されたという勝部さんの記事を読んだ女性（22）は、これは男性だけの問題ではないと話す。

女性の私自身もはっとさせられた。「AVによって仕立て上げられた性」を男性と共有し、それが愛だと思っていたから。

高校生のころ、私は性的な知識がなく、彼に「口で」と求められてもわからなかった。彼の家でAVを見せられて、「イメージつかめた？」と言われた。口でするその行為は苦しそうで嫌だったので、平然と見ている彼が不思議だった。

でも、半年、1年と過ぎるころには怖さが消えていった。彼に「部活の先輩が『当たり前にしている』と言っていた」と聞かされると、「そうかな？」と思いつつ、いろんな行為を受け入れていった。

年齢が低いほどセックスをやましいと感じ、隠さなければならないと考える。親にばれないような場所を選び、2人だけの関係に閉じこもることで、エスカレートしていく面がある。正しい性を教えてもらえないうちに刺激だけが共有されていく。

男の人は我慢できないし、応じるのが義務のように受け止め、それが自然なことではないと気づかなかった。ゆがんだ性的嗜好に染まっていた。未成年のうちから伝染するのを防ぐべきだと思った。

エピソード❷ 感覚の差異を埋める努力が不可欠

■「セックスでしてほしくないことや痛みの有無を女性側が発信できない」。勝部さんの指摘に、女性（60）は実感を伝える難しさを語る。

力任せに突いてくる男性、多いですよね。AVの影響で、そうすれば女性は気持ちがいいと思い込んでいるのでしょう。こちらはただ痛いだけ。でも、なかなか言い出せないものです。ダメ出しと受け取られて、相手を傷つけてしまいそうだから。早く終わらせるために、感じているフリをすることもあります。そんな気遣いに加え、女性は自身の性についての「取り扱い説明書」がないのです。

男性は性器が硬直化し、性欲を具体的に認識できますが、女性にとって性欲はどこか抽象的で、自分でもよくわからない。性器の状況さえ自覚しがたいのです。女性がうまく言語化できないかたわらで、男性の願望が多分に投影されたAVがセックスの教科書になっている。女性を傷つけて当然です。

あきらめに近い感情を持っていた私ですが、5年前に心身ともに満たされるセックスに初めて出会い、これまでの行為は何だったのだろうと、改めて考え込みました。

その男性はじっくり時間をかけて私を解放してくれます。確かに技術もありますが、それ以上に、相手を尊重する態度や思いやる心があれば、言葉に発しなくても通じると気づきました。

男女の性に対する感覚の差異はとても大きく、それを埋める努力が不可欠です。男性はAVを教科書にせず、相手と向き合ってほしいです。

エピソード3 モヤモヤから逃避 今わかる偽《いつわ》りの世界

■「20代はAVをさんざん見ましたし、雑誌も買いました。エロい世界で頭がいっぱいでした」と男性（47）は振り返る。

通っていた夜間大学には遊び慣れている人も。モテる先輩の経験談に「自分にはできない」と尻込みし、モヤモヤする気持ちはAVを見てやり過ごすしかありませんでした。今ならAVはうその世界とわかるけど、脳がどっぷりはまっていた。女性と付き合えないことの代替物として見ていた。逃避だったと思います。

その後、結婚して子どもが2人生まれましたが、20年前、過労で倒れ、うつ病になりました。それからは目の前のことをひとつひとつやっていく生活。「今日も1日、生きとった」。自然と断捨離し、余計なエネルギーを使わないようにしています。しがみつかない生き方ができるようになりました。

AVやエロのこだわりもとけていきました。すると、若いころに知人のお姉さんがAVを「おっぱいや局部が切り売りされている。ああいうビデオがつくられているのはおかしい」と怒っていたのがすとんと腑《ふ》に落ちた。コンビニの成人雑誌も気持ち悪く感じるようになりました。

妻は今春、子宮がんの手術をしました。20年一緒に頑張ってきて、今は添い寝できればいいよという関係です。無理やりああしろこうしろのセックスではなく、いてくれたらいいねん、と思える関係が、お互いのためではないでしょうか？

昔、職場（とある官公庁）に無意識に女の体を見ちゃう職員がいた
じっとり
じろじろ
上から
下まで
ゾゾ～
ああ～～～イヤだ!!
本人は自分を爽やかな青年だと思っていた
ハハハ
ヤア!
電車で、勃起した股間をなで回す中学生を見たことがある
じ
向かいにいる若い女性を見ている
やめなよ～!!
痴漢がやめられず何度も捕まった人が言っていた
矯正プログラムを受けて分かったんですが
昔は女の人をジロジロ見てたんです
自分では自覚がなかった
女子職員全員から「死」を願われたり
自分の尊厳をなげうってでも性に没頭してしまったり
仕事も家庭も失ったり
性欲が肯定されすぎる苦しみに男自身が気付き男たちへ教育してほしい
自分の中のゆがみを女に押しつけるなー
これなーに
成人向けコーナー
あとコンビニの成人雑誌コーナーどうにかしてください

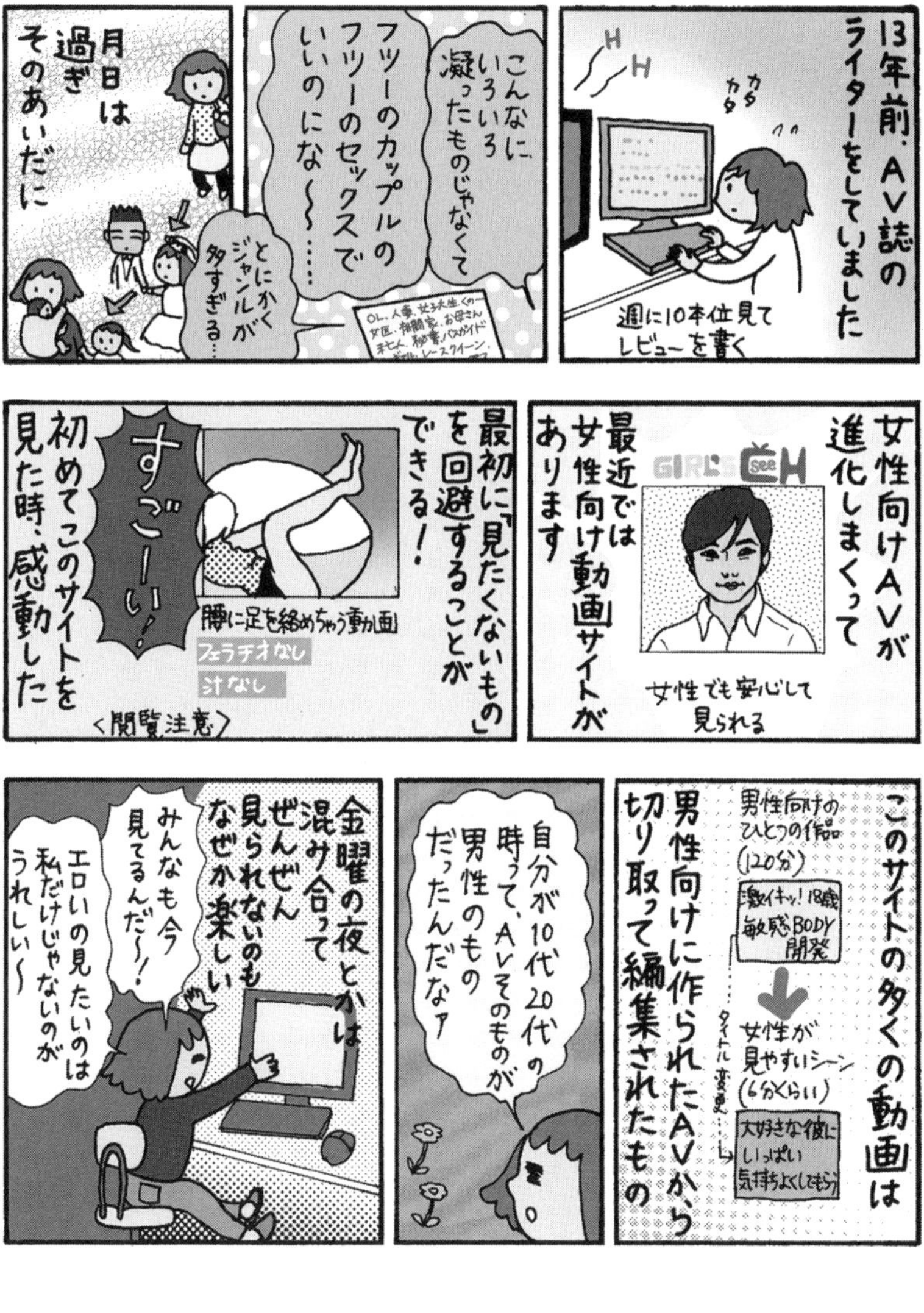
13年前、AV誌のライターをしていました
カタカタ
週に10本位見てレビューを書く
こんなにいろいろ凝ったものじゃなくて
フツーのカップルのフツーのセックスでいいのにな〜〜……
とにかくジャンルが多すぎる…
月日は過ぎそのあいだに
女性向けAVが進化しまくって
最近では女性向け動画サイトがあります
GIRL'S CH
女性でも安心して見られる
最初に「見たくないもの」を回避することができる！
腰に足を絡めちゃう動画
フェラチオなし
汁なし
すご〜い！
初めてこのサイトを見た時、感動した
＜閲覧注意＞
このサイトの多くの動画は男性向けに作られたAVから切り取って編集されたもの
男性向けのひとつの作品（120分）
激イキッ！18歳敏感BODY開発
女性が見やすいシーン（6分くらい）
タイトル変更
大好きな彼にいっぱい気持ちよくしてもらう
自分が10代20代の時って、AVそのものが男性のものだったんだなァ
金曜の夜とかは混み合ってぜんぜん見られないのもなぜか楽しい
みんなも今見てるんだ〜！
エロいの見たいのは私だけじゃないのがうれしい〜

読者のモヤモヤ

小学生のとき、レイプされそうになった経験があります。女性のことを見下しつつ欲情を押しつける男性の心理が我慢ならず、**ずっと男性を遠ざけて生きています。**女性と対等に向き合うために、AV・アイドル断捨離をした勝部さんの発想、すばらしいです！　勝部さんの発言が、「女子組」の枠を越えて男性たちに届くことを願います。（31歳　女性）

電車の中吊り広告もコンビニの成人雑誌も、見たくないという自由を奪う。女性が欲望を満たすモノとされ、不快で恐怖。**あおられる男性も気の毒**と思う。（49歳　主婦）

男が女性を性的価値だけで見る風潮と同時に、草食系男子を馬鹿にする風潮に腹が立つ。**男が女性に交際や結婚を申し込むのが当たり前というのは、思い上がり。**性をリードするのは男といった肉食系男子を描くAVに、男も苦しんでいる。（51歳　男性　警備員）

共働きで子育てしてきた私たち。お互いに「こうしたい、こうしてほしい」と言える対等な関係であろうと努めてきました。10年近くセックスレスだったのですが、**女性向けAVを見て、してほしいことを思い切って夫に伝えました**。すると、セックスだけでなく生活全体でコミュニケーションが増えました。勇気を出してよかったです。（49歳　パート）

常に演技して不完全燃焼。**激しいのが当たり前、耐えなきゃ**と思ってた。静かで濃厚な行為に憧れるけど、それがどんなものなのかわからない。（42歳　自治体職員）

女性がセックスに受け身で本音を言えないのは、男女双方にとって不幸なこと。私は本音を伝えられる相手としか付き合いません。あと、**相手にのめり込みすぎないのもポイント**かと。「嫌われたくない」と変な遠慮が生まれる気がするから。（20代　教員）

6 女性向け どんなAV？

男女の対等なパートナーシップを阻む一因に、AVに象徴される女性を「消費するモノ」ととらえる男性の目線がありそうだ。では、女性向けAVはどんな目線なのか。男優の一徹さんに聞く。

一徹氏（AV男優）

AVがヒーリングミュージック

——男性向けと女性向けAVの違いをどのように感じていますか。

すごく大雑把に分けると、男性向けはムラムラするもの、女性向けはキュンキュンするもの。

男性向けは、女性の体がよく見えて、だから不自然な体位になるんですが、女性が感じているように視覚的に訴える。自分のモノにできたという征服欲や支配欲を満たすものです。ストーリーはありますが、視聴者の8割は早送りしていると思います。

女性向けは、行為そのものよりも女性が大切にされたいとか、愛されたいという気持ちを満たすコンテンツが多いです。例えば、キャリアウーマンで仕事をバリバリ頑張っていて、でも最近疲れ気味の彼女が帰宅すると、彼が「お疲れさま」と迎える。すれ違いが続いていたけれど、「最近そういうのご無沙汰だったね」と仲直りして……とセックスに至るまでのプロセスをすごく大事にします。２人の関係性を描くんです。カメラも２人が会い、触れて、抱き合ってといった関係を撮ります。男性向けでは男は映らないように撮る。邪魔だから。

――AVに求めるものが違うんですね。

一番驚いたのが、僕のAVを女性がヒーリングミュージックみたいに使うこと。自慰のためではないんです。朝、夫の出勤を見送った後、朝食の食器を洗いながらAVを流してるとか。男には信じられない感覚です。

伝える勇気を持って

――ファンの女性から、セックスに関する悩みも寄せられるそうですね。

セックスレスやマンネリ、セカンドバージンのほか、乱暴なセックスをされるけれど痛いと言えませんといった相談があります。

少しずつ変わってはいますが、女性が性について自分の体験として話すのはまだ抵抗があるようです。はしたないなどの意識がどうしても強い。男性が一生懸命頑張ってるのに、と思って言えない人も多いです。

──性を巡るすれ違いは埋められるのでしょうか。

僕たち男性は女性に教えてもらうしかないので、やっぱり勇気を出して伝えてもらいたいです。セックスは2人でするもので、どっちかが悪いというわけではなくて、嫌なことがあったら伝えてほしい。仮に結婚してすごく痛いセックスが30年続くんだと思ったらぞっとしませんか？　言った方が絶対にいいです。でも一生言えない人が多い。

男性の多くは良かれと思ってやっていて、気づいてないだけで、傷つけたくてやってるわけではない。女性の気持ちがわからないから、視覚的なわかりやすさにこだわる面もあるのかもしれません。物理的エクスタシーと精神的な満足感を分けてなくて、女性は精神的な満足感をより求めているというのがわからない。物理的エクスタシーに必ずしもこだわらなくてもいいんだよと女性が伝えてあげれば、男性も無理な行為はしなくなっていくと思うんです。

ただ、なかにはセックスと人格をごっちゃにして、言い方によっては人格まで否定されたと受け取る人もいます。なのでワンクッション、面倒くさいと思うんですけど、例えば

「痛い、ばか」ではなく「私、デリケートだからやさしくして」と言う。女性向けAVを使って「この通りやって」ではなく、「いまこんなのがはやってるらしいよ」と自分発信でないように話すのもうまいなと思います。

――AVに影響された男性の言動に傷つく女性も多いです。その点をどう考えますか。

男性向けのAVのなかには過度な演出もあって、それは見直すべき時期にきているんだと思います。

ただ、男と女が対立したり分断されたりするのは嫌なんです。だから男はだめなんだ、とか。男女向けAVは全然違うし、どちらもファンタジーだとわかって利用する良識は持っていたい。そして、リアルでは互いの性の志向の違いを歩み寄っていく作業が絶対に必要です。

最終的には2人が満足できればよくて、主観的で個人的なことです。だから女性には伝える勇気と、ちょっと面倒くさいかもしれないけど、ワンクッションをぜひ。男性はそれに対し謙虚に勉強する。もし腹を立てるようだったら、付き合い方自体も考えた方がいいかもしれません。

――女性向けAVは男性にも受け入れられますか。

最近は男性向けの過激な内容に疲れ、女性向けAVを見てくれる男性も増えてきました。

女性向けはストーリーもそんなには盛ってないですし、行為自体はもし参考にしていただけるのならこっちの方が参考になる。どうせイケメンがやってるからいいんでしょとか、正しいことを言われると面倒に感じる男性に、どうしたら受け入れてもらえるかが課題です。

――女性向けＡＶで演じる際に気をつけていることは。

相手役の女性や見ている方がどう受け取るか、です。脚本や演出そのものはお任せしていますが、表現は現場で提案して議論します。

例えば嫉妬で燃えるエッチというストーリー。ちょっと強引にセックスに至るのですが、表情や目力《めぢから》が怖すぎないか、どこまでだと嫌悪感を抱かれないか、試行錯誤しました。「俺以外の男に愛想ふりまくな」というせりふにしても、言い方によっては所有物扱いのような印象になります。ギリッギリのバランスです。あなたのことが好きだから嫉妬しているというのが伝わらないと、女性としてはキュンキュンしない。

あなたを思っていると相手に伝わっているか。それが大事なことはリアルでも同じなので、そこは伝え合ってほしいと思います。

――女性向けＡＶに出演するようになったきっかけは。

たまたまです、お声がけいただいて。ラッキーなんです。

これまでは作品を受け取った人の感想を聞く機会はなかったんです。イベントなどで女性から「セックスレスが治りました」などと言われるのは幸せで、ありがたいです。

いってつ　1979年生まれ。人気ＡＶ男優として活躍中。

ファンタジーとして

■女性向けＡＶをつくる「ＳＩＬＫ ＬＡＢＯ（シルクラボ）」はスタッフも女性が中心。社長の牧野江里さんは、女性もセックスを知ることが大事だと話す。

男性向けＡＶの制作会社で働いていたとき、新しい事業を立ち上げることに。調査のために訪ねた女性向けのアダルトグッズ店で「女性もＡＶを買いに来る」「女性が見てもよいと思うものを選んで売るが、それでも『ここが嫌だった』と感想が寄せられる」と聞きました。

そして、女性社員で既存のＡＶへの意見をとことん出し合った。「体位がむちゃ」「こんな激しく触られたら痛そうだ」。初めは文句を言い合っていたのですが、男女の溝が深いことがだんだん悲しくなりました。女性250人にアンケートしたら、「ストーリーのある作品が見たい」という意見が多かった。それまでなかった「精神的なセックス」をテーマに、女性の気持ち良さと無関係な行為はのぞき、なぜこの人とするのかという過程を大事にしたＡＶをつくることにしました。

一方で、どういうＡＶが見たいか、どんなセックスが良いのかを尋ねても、具体的な答えが出てきませんでした。ドラマや少女マンガの影響で性行為を「すてきなもの」とふわっとしかとらえていないので、現実と解離している。

私たちの立ち位置はＡＶの入門編で、昔のピンク映画のようにモザイクをかけずにラブシーンを見せるドラマ作品もあります。「夫とのセックスに前向きになった」と感想をもらいました。ただし、女性向けＡＶも結局はファンタジー。理想を相手に押しつけるのは違います。

精神的な安心と、肉体的な気持ち良さを分けて考えてみては。肉体的な気持ち良さなら、自分で処理してもいいし、その衝動をアイドルの追っかけなどで発散するのもいい。むなしさなんて感じず、自分の中にある性欲を認めてほしい。でも、パートナーと精神的な安心がほしいなら、ぶつかり稽古をしてお互いに満足するセックスを探すしかない。

映画など様々な表現物がある中で、ＡＶだけ現実と混同されてしまうのは、男女ともに性教育が足りないから。知識がないから、嫌なことを強いられたときに受け入れてしまうのではと考えています。

中学生の頃、近所に謎の建物があった
CAMEL
REST 4000〜
STAY 9000〜
なんのお店だろう？
じ
興味あるの？入ってみる？
見てたよね？
ヒョイ
い…いやです
ボクと入ってみる？
怖い思いをすることによって"エッチなもの"なんだと認識する
同窓会で男子の話に加わったら
オレ彼女とセックスしてるし
オレもしてるし
私も彼氏としてるよー
言いたがる年頃
はーー!?!?
何言ってんのオマエ
女のくせにそういうこと言うな！
へ〜えやってんだ〜ーあ
な…なに？え?!
ヤリマン!!
こういう反応がいやで「男が思う女の性」しか見せないようになっていく
「女の性」は放っておいてもらえないから
セックスやりたい
当たり前
健全
ほほえましい
……
セックスやりたい
そんなこというもんじゃない
異常性欲
インラン
スケベ
オレとやろう
オッパイ見せて
自分を大切に
自分の「気持ちいい」に没頭しづらい
「一人でムナしい…」とか思っておいたほうがいいのかな
自分の性欲を肯定できないのは
性欲あるよ
イヤな目
危険な目
外的要因が巨大であると思う。

7 主体的に性と向き合う

2012年にデビューしたAV女優の紗倉まなさんは、コラムや小説の執筆など幅広く活躍中。男性の欲望を一身に受け止める立場から、男女の性のギャップについて語ってもらった。

紗倉まな氏（AV女優）

サーカスのような気分で……

――AVのプレイを再現しようとする男性に、女性から違和感を訴える声が届いていますが、どう思いますか。

私は、無理な体位を始めとする過激な演出は、サーカスのような気分で演じています。これをプライベートで挑戦するには無理があります。多くの男性は「気持ちいいから潮を吹く」と思っていらっしゃるようですが、潮吹きと気持ちよさは、女性にとってはまったくの別物です。

女性の顔に精液をかける演出も、腫れたりかぶれたりしないように、実は裏では洗い流して抗菌目薬を打つなど入念なケアをします。これをプライベートでごく当たり前のこととして実際にやられたら驚きますし、自分の体のことなど何も気にしてくれないのだなと、どこか冷めてしまって受け入れがたいです。

ＡＶと実際のセックスは、仕事とプライベートのように切り離して考えていただきたいです。自分が楽しむものと、目の前の相手を喜ばせるものは別だと心得ることが重要となってくるように思います。

――男優さんが行為の最中に声をあまり出さないのは、視聴者の邪魔にならないための配慮でしょうが、現実のセックスでも男性たちは言葉が少ない場合が多いことなど、男性は一挙手一投足にＡＶの影響を受けているように見えます。それらについてはどう思いますか。

女性のように声が出てしまう男性を見ると私はかわいいなと思ってしまいますが、撮影現場では特殊な役柄でもない限り、男性はめったに声を出さないですよね。「これが普通」と、男性を枠に縛りつけているのだとしたら、どこか窮屈な気もします。有名男優さんの動きをコピーする必要はないのです。

女優さんのあえぎ声も甲高いのがスタンダードになっています。私も過去に「トドみたいに声が低い」と言われて直したこともあります（笑）。ＡＶを見た女の子に「ああいう声を出さなきゃいけないのかな」と思わせているのだとしたら、あるがままでいいんだよ、と言いたいですね。

そういえば、話は少しずれてしまうかもしれませんが、先進国の中でも、日本の女性の声は高いと言われているのを聞いたことがあります。男性用に声をつくることは素敵な気遣いかもしれませんが、私は「自分の声の良さ」をもっと出してもいいのではとよく思っていたりします。

女性ももっと貪欲《どんよく》に

――多くの女性は、とかくセックスで受け身になりがちですが、どうすればよいのでしょうか。

確かに女性は、男性よりも圧倒的に演者側に立つことが多いのかもしれません。声を出すのも、自分が興奮しているからというより、そうすれば彼が欲情するとわかって意識的に出しているようにも見えます。男性は「勃起、射精」と、女性よりも一段階身体的な準備が要されるわけですから、この気遣いが男性にとっての興奮剤になるのも理解できます。相手の要望を受け入れてあげたいと思うのも優しさですし、それ自体が悪いことだとはまったく思いません。でもその分、女性ももっと貪欲になっていいと思います。

実際、もっとこうしてほしいのにと女性側に不満が残ることは多いです。でもそう思えるのは、セックスに対して希望を捨てていない、あきらめていない証拠ではないでしょうか。

私はＡＶ女優へのネガティブな印象を少しでもやわらげたいと、アイスピックで偏見という名の壁を、細々と削り取るような作業を続けています。壁を崩すことが目的でしたが、最近はこつこつとほじくる過程そのものを楽しんでいるのかも、と考えるようになりました。セックスも似た側面があるように思います。

——似た側面とはなんでしょうか。

一人一人、生き方も正義も常識も当然異なります。壁を完全になくせるはずはないのです。でも、乗り越えようとするプロセスにあるとお互いが自覚できたら、少し気持ちも心構えも変わり、多角的に物事が見えてくるようになると思うんです。

正直、私の気持ちに合わせてくれる男の人は、本当に少ないです。理由は明確で、〝理解できない仕事の人間＝ＡＶ女優〟であり、それが露骨にも、性と付随しているからです。ですから、仕事柄か、プライベートでもむちゃな要求をされたり、反対に相手が「マグロ」になってしまったり……といった話が女優同士で話題になることもあります。でも、自分の思いを封じ込めてあきらめるよりは、結果的に「わからないことを理解できなくて当然だ」とあきらめる方が、同じあきらめでもスッキリするんじゃないでしょうか。

——どういう風に要望を伝えていますか。

否定したり、怒ったりするということは避け、穏やかに優しく甘えてみるといいのではないかなと思っています。

要望を伝えたくても、そもそも女性は自身の性のスイッチ自体を見つけていない人も多いですよね。性のスイッチを押す方法は二つあって、一つは探究心を持っていろいろ試すこと、もう一つは良いパートナーに出会うこと。私は前者です。実感としては、パートナーに恵まれるのは確率論ですので、それよりは主体的に性に向き合い、自分が何をされたら心地良いのかを探っていくのが一番の近道でしょう。

ＡＶが女性の性的探究心に応える材料になってくれれば本望です。いまのＡＶはあまりに男性向けに作られているものが大半ですが、最近では「女性用ＡＶ」も普及していて、少しずつＡＶの色もやわらかくなっているような気がします。

視聴者が男女半々になったら、今とはまるで違う作品になるでしょう。私もそんな作品の後押しをしたいです。

さくら・まな　１９９３年生まれ。高等専門学校在学中にＡＶデビュー。初めての小説『最低。』（角川文庫）が瀬々《ぜぜ》敬久《たかひさ》監督により映画化された。２０１７年３月に長編小説『凹凸』（ＫＡＤＯＫＡＷＡ）を発表。他の著書に『高専生だった私が出会った世界でたった一つの天職』（宝島社）、共著に『女のコのためのもっともっと愛されるＳＥＸ』（双葉社）。

「大事にされたい」と

■東京・銀座にクリニックを開業して25年になる婦人科医の池下育子氏は、パートナーの前でこそ、女性が自分の性欲に正直であってほしいと話す。

女性にとって性は常に受動的で、相手に従うしかないものでした。それが、男性遍歴を重ねる松田聖子さんの生き方を多くの女性が支持するなど、徐々に変わりました。女性向けのアダルトグッズ店もでき、私も患者にグッズを紹介することもあります。女性が主体的に性を語れる時代になりました。

でも、現実には相手に伝えられない。開業時、「口に射精して妊娠すると思っていた」と言う人に驚きました。ＡＶの影響でしょう。情報過多の一方で、正しい知識や経験のない人も多い。器具を使って性器が傷ついたり、生理中の性行為で炎症を起こしたり。嫌われたくない、だから「ノー」と言わない。それも本人の意思なので尊重しますが、自分の体を大事にしてほしいとは伝えています。

強いられた性行為のトラウマで、セックスだけでなく恋愛ができなくなる人もいます。治療では、まず婦人科検診をして健康に問題がないことを伝える。患者の手を取って両手で包み、足や腰をさすり、体が触れあう緊張を解いていく。安心して相手に心を開けるよう、カウンセリング的な面が強いです。

女性の性欲は女性ホルモンや排卵と関連するとされていましたが、女性の意識としては常に起こり得ても不思議ではない。日常生活に支障があるほどでない限り、悪いことはありません。触れ合い、包まれたいと欲する自然な感情であって、いやらしいことではないという認識は広まってきていると思います。

女性には性欲を大勢の中で語ってほしくないという男性の言い分もわからなくはありません。でもそれは、男性の求めるものを女性に演じろということではありません。求めに応えて自分が疲れてしまうなら、パートナーには「大事にされたい」と素直に伝えてほしい。「私はやさしいのが好き。だから私もそうするね」と言って、自分から相手の体にやさしく触れてみてはいかがでしょうか。

昔のマンガや小説にこういう表現がよく出てきた
憧れの生徒会長!
美しい
ステキだ
生徒会長だけはオカズにしないぞ
ウッ
男って、本当に好きな人のことは大切にするんだなア…
マンガ
今になってよく考えると
汚しちゃダメ
汚していい
Judgement
なんで決定権をお前が持ってんだ!
男
女
汚す
男に汚されるもの
性欲 妄想 精液
汚いもの
なんか一方的すぎるぞ!
好きか 汚すか
大切にするか
俺
決めるのは俺
世界はお前一人か!
女にも人格があるんだぞ!
でも10代の時はその程度の知識で男性を判定するしかなかったから
なんか迫られたー
まだ2回目のデートで
大切にされてないよー やめときなー
そのセックスやふれあいが自分にとって楽しいか気持ちいいかということ以上に
その男にとってどういう位置にいてどう扱われているのかのほうが1000倍重要だった
本当に好きな女は汚さない それが男の優しさ
困るのはこれが今もよくある価値観だってこと

8 「AVは現実と別物」への反響

アダルトビデオで描かれているセックスは現実とは別物。AV女優の紗倉まなさんの発言はどう受け止められたか。ツイッター上でリツイートした人たちの受け止めを聞いた。

エピソード❶ 「傷つける」に説得力

■兵庫県尼崎市で10代の子どもたちを支える「えんぐらぶ」を2017年に立ち上げた保健師の桑原陣さん（28）。リツイートする際、「AVは教科書じゃない。大抵、大切な人を傷つける」と書き添えた。

男性もAVが作り事とは漠然と気づいているけれど、具体的にどこが間違っているかが伝わりにくい。インタビューは、顔に射精すれば腫れたりかぶれたりするという具体的事実を語っていて、AVに影響されたセックスが女性を傷つけるという主張に説得力があります。

保健師として、安全なセックスを互いに対等な関係で楽しんでほしいと思っています。でも、中学生たちは正しい性知識を身につける前からAVにさらされる。まねをして受け入れられると、本当は嫌がっている女性の気持ちに気づけず、これでいいんだと確信する。女性もセックスについて他者と話す機会がなく、閉鎖的な関係性のなかで男性がAVで学んだ性を当たり前だと受け入れてしまう。

10代の女性のなかには、寂しさを埋める居場所を求め、性を提供せざるを得ない人もいます。そんなことをしなくても居場所があり、助けてくれる人がいると知ってもらえるよう、性教育も含め、取り組んでいきたいです。

エピソード❷「嫌」が伝わる土壌を

■女子高校生が母と考案した「痴漢抑止バッジ」を広げる活動をする痴漢抑止活動センターの松永弥生代表理事（52）は、「AVは、セックスの参考にしてはいけない」などの言葉を選び、ツイートした。

2年前に活動を始めた当時、ネットで「痴漢」と検索するとAVがずらーっと並んで驚きました。小学生でもネットでAVを見ることができる。マズイと思った。レイプや痴漢などの犯罪と、セックスの行為を見分けていないだろうから。痴漢をしても女性は抵抗しないと勘違いしてしまうことも怖いです。

痴漢は別問題ですが、女性の「嫌」を喜んでいると勘違いする男性はいます。一方で、好きな相手に求められてうれしいのに、「嫌」と言ってためらうふりをする女性もいるのでは？　私も若いころ、デートは割り勘なのにホテル代は相手持ちであることに疑問を抱きませんでした。主導権を譲っていたと、今は思います。

嫌なものを嫌と伝えるだけでは対等な関係とはいえません。素直に「うん」と言ったり、自分からキスしたりすることから変えてみては。うれしいときはうれしいと表現できることが、嫌よ嫌よは嫌なんだと伝わる土壌になると思います。

エピソード③ 思い出したあの忠告

■男性からは「勘違いしていた」「夢が散った」といった反応もあった。30代の男性会社員は記事を読み、学生時代にバイト先の女性に言われた言葉を思い出した。

18歳の誕生日当日にＡＶを借りに行き、いまも毎日欠かさず見ます。最初はセックスの教科書にしていました。「有名男優がやっているんだから絶対に間違いない！」などと思い込んでいました。

バイトの休憩中に同僚と当時人気のＡＶ女優の話で盛り上がっていたとき、パートの女性にあきれ気味に言われました。「セックスするときは協力し合わないとダメよ！　チームプレーなんだから！」。その後に見たＡＶで、男優の激しい行為に顔をゆがめる女優さんが泣くのを必死にこらえているように見えた。本当は痛くて苦しんでいるのかも、と初めて気づいた。あの忠告がなかったら、ＡＶをセックスの教科書としてあがめ続けていたかもしれない。

エピソード④ 都合のいいファンタジーであることは自覚

■40代男性は「避妊などの性教育をなおざりにしながら、初めて触れる性的な情報がＡＶやエロ漫画などのおおよそ『男にとって都合のいいファンタジー』って現状が薄ら寒いですね」とツイートした。

私自身はいわゆる「オタク」で女性経験もあまりなく、エロ漫画などで性欲を発散していますが、男に都合のいいファンタジーであるとの自覚はあります。一例を挙げるなら、避妊の描写がほとんどない。これでは男性は性病予防や望まない妊娠を避ける当事者意識を持ちにくいでしょう。男性は、自分たちが楽しむポルノがいびつさをはらみ、女性を傷つける可能性を有することを十分に自覚しなくてはならない。少なくない中学、高校生が性体験をする現実がある以上、避妊を含む性の知識を中学入学前後にしっかり教え、ＡＶなどをうのみにさせないことが大事です。性教育をタブー視することは、結果的に男性本位のセックスを助長しかねないと思います。

正確な知識で対等に

■大阪大学大学院の牟田和恵教授（ジェンダー論）は、女性には隠されているセックスのリアリティーを伝えてくれたと話す。

ＡＶ女優さんが、ＡＶと現実は違うとはっきり言ってくれたのがいいと思いました。女性には「嫌なことは嫌でいいんだ」という気付きになり、男性にも学びになります。ＡＶがますます刺激的なものになり、かつてはなかった過激な行為が当たり前に描かれるようになっている。でも、嫌な行為を無理強いするのは性暴力です。

現在は、ある程度の期間付き合ったらセックスする。「結婚するまで貞操を守る」という時代と比べて女性の自由が増えたのですが、その分、嫌な目に遭う機会も増えた。女性誌のセックス特集は、「主体的に性を楽しもう」から、愛されるために男性にいかにサービスするかに変わってきている。性の解放から考えると、後退しています。メディアの偏った情報ではなく、誰もがセックスの正確な知識を身につけることが、対等な関係には必要でしょう。

第4章 セクハラ

言っても言っても全然ワカンナイ人たちって
そんな風に受け取られてもなァ〜
どこからがセクハラなの？
イケメンならOKなんでしょ？
NGワード帳

「おっぱい触っていい？」などの発言で注目された
財務事務次官（当時）によるセクハラ事件のほか、
各所で表面化したセクハラをめぐる話題には、ことかかない昨今。
「＃ＭｅＴｏｏ」運動が世界的なうねりを見せる中、
日本の被害者たちも声を上げ出した。
被害者、そして加害者は何を思うのか——。

1 #ＭｅＴｏｏ 声を上げて

はあちゅう氏（作家・ブロガー）

性暴力やセクハラ被害を訴える「#ＭｅＴｏｏ」のうねりの中で、作家・ブロガーのはあちゅうさんは電通勤務時代の先輩社員のハラスメントを明らかにした。それから現在に至るまで「私も」と訴えた声はどう受け止められたのか。はあちゅうさんに告発に至った経緯やその後の思いを改めて聞いた。

一通りの嵐が過ぎ去り……

——ウェブメディアで被害を明らかにして今の状況は。

一通りの嵐が過ぎ去りました。記事はたくさんの人に読まれ、心ないバッシングも受けました。沈静化し、日常に戻りましたが、残念ながら訴えが人々の心の芯まで届いた実感は希薄です。日本で「#ＭｅＴｏｏ」はムーブメントと呼べるほどの動きにはなっていません。みんな一瞬はワーッと飛びついたものの、ほかの話題に関心が移り、あっけなく終わったのだとしたら悔しいです。

——そもそも、なぜ告発しようと思ったのでしょうか。

インフルエンサーになったからネットを使ってリベンジした、と受け取る人もいたようですが、復讐が目的ではありません。彼に「謝って」「償って」という感情はないんです。むしろ8年にわたり、ああ言えばよかった、こう逃げればよかったと自分を責め続けてきました。

親しくしていた編集者さんが彼の本を出すと聞き、私が受けたハラスメントを伝えたら、「はあちゅうさんはいつ許すんですか」と。私が許さなきゃいけない問題なのか、私の心が狭いのか。愕然《がくぜん》としました。彼の著書が出版され、自分の好きな人たちが彼に取り込まれていくのがSNSで手に取るようにわかる。我慢すればいいと思い込んでいましたが、居場所を絡め取られるような息苦しさと、新たな被害者を生むかもしれない不安を日々募らせていました。

セクハラを拒否したことで、電通を退職した後も嫌がらせが続いていました。誰も自分を守ってくれない。こういう目に遭ったと自分が声を上げないと、世間にわかってもらえないと気づきました。実名で告発するかは悩みました。でも、匿名で発信しても、広告業界の内輪話として受け取られてしまうと思い、実名を選びました。

あなたの行為は卑劣で、世間からこういうリアクションのあることですよ、と示したかったんです。彼に限らず、男性の、同性には見せない高圧的な態度にいくつも直面してきました。今回表に出したことで、ハラスメントの抑止につながればと願っています。

人生で最も心ない言葉を浴びた

――どのような反響がありましたか。

人生で最も心ない言葉を浴びました。上の世代からは「我慢して当たり前」「昔からそんなことはあった」と言われました。「これまで女を使ってきたくせに」と女性から言われたのは苦しかったです。体を差し出して仕事をしているわけではなく、ただ女性として仕事をしているだけなのに。

恋愛コラムを書いてきたことや、過去のＳＮＳでの男性に対する発言への批判もありました。「理想の被害者像」に当てはまらない言動があると、発言そのものを否定するだけでなく、人格の攻撃にもさらされる。誰もが被害者になり得るのに嫌な社会だなと思ってしまいました。

――はあちゅうさんは主体的に人生を切り開くイメージが強かった分、驚きがありました。裏を返せば、そんな人でも苦しみを抱え込んでしまう、ハラスメントの深刻さ・根深さを象徴しているように思えます。

良い仕事をしたい、活躍したい、そんな野心を持って電通に入りました。誰を目指すかと言えば、社内で既に影響力を持つ先輩で、先輩に学びたい、一緒に仕事をしたいと思うのは当たり前のこと。厳しいしごきは成長につながるから、プライベートにかかわる要求も受け入れなくてはいけないと思い込んでいました。

私が仕事なんてどうでもいいやという人間だったら、被害は深刻化しなかったかもしれません。でも、親や応援してくれる人を前に、私の人生は順風満帆ですというコスプレを脱ぎたくなかったし、これは私が乗り越えるべき壁なんだと思っていました。先輩と真っ向からけんかできず、むしばまれていきました。

男性は堂々と口説いて

――相次ぐ「#MeToo」の告発を受け、フランス人俳優のカトリーヌ・ドヌーブさんが「口説く自由はある」と発言しました。

私自身は社内恋愛推奨派ですが、男性には正々堂々と口説いてくださいと言いたい。「打ち合わせはバーでしよう」「他の人には内緒」なんて、周りに宣言できない思惑はセクハラになり得ます。仮に関係性がこじれても絶対に仕事面で報復しないと断言できない限り、口説く資格はありません。たとえ女性が「ＹＥＳ」と言ったとしても、力関係ゆえの仕方なしの同意かもしれない。相手の意思を無視して暴走していないか、冷静になってほしいです。

女性には、他人に相談できない状況で口説かれたなら、いったんは考えてとアドバイスしたいです。1回応じてしまえば、セクハラではなく痴情のもつれとして処理されてしまいますから。

――女性が自分に自信が持てないことが、力関係で上に立つ男性からのハラスメントに「NO」を言いづらい要因の一つになっている気がします。

本当にそう思います。女性は図らずも男性に認められることで自信を補給しようとしてしまいがちです。自己肯定感の低さゆえの承認欲求につけこむ男性もいます。自信は日々、自らつくり出すもの。そのためには仕事をするしかないと思います。

――仕事ですか。

恋愛をはじめ、相手ありきの関係性で自信を得ようとすること自体が不毛だと思うのです。自分の足でしっかり立ち、自分の居場所をつくる。その手段の一つが仕事です。会社勤めをしてお金を稼ぐという意味ではもちろんありません。私は「無所属で多所属」を推奨しています。群れたりつるんだりせず、色々なコミュニティーとつながりを持ち、役割を果たすことで自信を得ていく。一つのコミュニティーがダメになっても、ほかで補給すればいい。自己肯定感をチャージできる場所を複数見つけることが、自立の支えになると思います。

私自身もともとは自信のない、暗い高校生でした。明るい活発な子になりたくて、大学でチアリーディング部に入りました。チアなんてかわいくて男の子と話ができる子じゃなきゃダメだと思い込んでいたけど、実際はいろんな子がいました。でも、踊る姿はみんな自信満々。「舞台では〝自信のあるフリ〟というコスプレをしているんだ」と知り、私もそう振る舞うことで自信をつけていきました。

「自信ないです〜」と言っていたらいつまでも自信はつかないし、そのことを盾にして腰が重くなるだけ。はったりでも自信があるフリをして新しいことに挑戦していくことで、本当の自信に近づけるのだと思います。

自分を尊重できれば、不当な要求に「NO」が言える。女性たちには他人の物差しに身を委ねず、もっと自分に自信を持ってほしいと強く思います。

周囲「ははは」と笑っているだけ

――ハラスメントを減らすには、被害者が声を上げるだけでなく、周りの存在もカギになります。

以前、飲み会で会計してくれた人に無理やりホテルに連れて行かれそうになったことがあります。その場には著名な男性たちや昔からの友人もいたけど、みんな「ははは」と笑っているだけ。声の大きいお金持ちには逆らえないという雰囲気が支配していました。偉い人には意見できないという空気は本当に嫌。おかしいと思ったらその場で声を出して、傍観者にならないで、と言いたいです。

私の発信を受けて「あっ」と思った人、何人もいるはずです。飲み会の席だから、相手がクライアントだから、そんな理由でスルーしたり、笑ってごまかしたり。過去の振る舞いに罪悪感を持ったなら、この先の未来で声を上げてほしい。「やめよう」というひとりひとりの声の積み重ねが現状を変えると思うのです。

私が勤めていた電通はハラスメントを黙認する環境だったと思いますが、特別ひどい会社でもないと思います。テレビ局や芸能界、美容業界などでも同種の問題を見聞きしてきました。苦しいことを経験しなければ成長しない、精神を鍛えてやっているんだという誤った体育会的思考は日本中に転がっています。不要の痛みを下に押しつけることはもうやめましょう。

私は「＃ＭｅＴｏｏの人」でありたいわけではないけれど、10年後、20年後にあのときが変わり目だったねと言える社会に変えるために、何らかの貢献ができればと考えています。

――後悔はありますか。

後悔はまったくしていません。私はただ、自分の人生を人目に触れるところに出しただけ。私の生き方を受け入れてもらえない歯がゆさはあるけれど、それはその人の受け止め方であって、私自身の非ではない。そう思うことに決めました。

はあちゅう　１９８６年生まれ。慶應義塾大学在籍中から人気ブロガーに。電通、ベンチャー企業をへてフリーランス。２０１７年12月にウェブメディア「ＢｕｚｚＦｅｅｄ Ｊａｐａｎ」で、電通時代の先輩からセクハラ・パワハラを受けていたことを告白した。主な著書に『「自分」を仕事にする生き方』（幻冬舎）。

3年前まで、ネットのコラムなどで
街にいる女子中高生をジロジロ見る男たちについて
痴漢されていたことについて
カタカタ
私はさかんに”MeToo”的なことを書いていました
賛同する人が多く一気に何万人もの人が読む代わりに
よく分かる
私もそう思う
ジロジロ見るのは性犯罪じゃない！
勉強になった
男のほうが冤罪で大変なんだ！
田房は男性差別者だ！
批判ものすごかった
こっちは攻撃というより「教えている」という意識なんです
実はこれってこうなんですよ
私 経験者なんです
へー 知らなかった これから気をつけるよ
理想とする応対
でも、日本は「先回り」が当たり前の文化
お忘れ物のないようご注意ください
ガタンゴトン
社会通念
失敗したら謝るではなく失敗しない。もしくは先に謝っておく
切り口で指を切らないようご注意下さい
ミートソース レトルト
私には何も問題がない
人に失礼をしていない
が前提になってるから
ドーン
えええ?! 僕の属する性で…
そんなことがっ！ そんなはずない
言われた時、ビックリしすぎてしまうのかもしれない
「告発」という形式よりも「人の話を聞ける社会」づくりのほうが、先決かなと思う

2 「私も」の声次々

エピソード❶ 「うまみ」手放せず

■アーティストの50代女性は「実力者からセクハラ被害に遭う代償に、自分も甘い汁を吸ってきたところもある」と振り返る。

所属する芸術系団体の実力者たちのセクハラを笑ってかわしてきました。お気に入りになれば、人脈につながるし、仕事にも有利になる。うまみを手放したくなかったのです。自分はそれだけの魅力があるんだというううぬぼれも正直ありました。

軽く抗議したら「お前、この団体にいられなくなるぞ」と脅されました。実際、そうだろうと思います。

女友達に被害を愚痴りました。聞き終えた彼女は「なんでちゃんと抗議しないの！　ほかの子にも被害が及ぶじゃない」と怒りました。

そんなことをしたら、私の立場が悪くなる。愚痴に共感してくれるだけでよかったのに。共犯者呼ばわりせずに優しくしてよと、憤りさえ感じました。彼女の言葉は正論でしたが、受け止めきれなかった。セクハラ構造の温存に私も加担してしまったのです。

数年前には別の有力者から何度か食事に誘われて、帰り際にキスされました。抗議して顔をつぶすわけにはいかないと、とっさに「キスが下手ですね」と。その後の誘いを断り続け、距離を置きました。

不快だったはずなのに、その後の飲み会でキス魔と化し、男性のほおにキスして回る自分がいました。自己嫌悪に陥りつつ、やめられなかった。キスなんて大したことではないと思い込みたくて、加害しながら自傷していたように感じます。

はあちゅうさんの告発は、これまでを振り返る契機になりました。つらい気づきも伴いましたが。分断され、個々に傷ついていた女性たちを連帯させたのは、「#ＭｅＴｏｏ」の功績です。

ただ、セクハラを理由に社会的に抹殺されかねない風潮には疑問を感じます。レイプなどの犯罪行為は論外ですが、反省し、改心してくれれば良いわけですから。

私自身、モテない男性や髪の薄い男性をからかったこともあります。男性が女性を年齢や容姿で評価するならこちらだって……というノリでしたが、そういう発想が、今ある男性主体の社会構造を前提とするものなのですよね。弱い立場にある人が「嫌だ」ときちんと伝えられる社会になる過渡期だと思います。

エピソード❷ 逃げていいんだよ

■会社員の女性（34）は社内で女性初の組合幹部。組合活動中、飲み会でのセクハラなどに苦痛や疑問を覚えても、「誰にも弱音を吐けなかった」と話す。

会議の後に必ず飲み会があり、幹部は2次会、3次会まで付き合わなくてはなりません。お酒をついで回り、カラオケではその日初めて名刺交換した男性に肩を抱かれてデュエット。酔いにまかせて下半身をさらす男性も。私が嫌な顔をしたら、先輩に後日、「失礼だ。ああいうときは喜ぶんだ」と怒られました。

嫌なのにニコニコしなきゃいけないことも、そうしている自分も嫌いでした。でも、カメラを向けられればピースして笑った。うまく立ち回ることが評価につながると思い込まされ、組合幹部として楽しんでいるというコスプレを脱げなかった。

誰にも弱音を吐けませんでした。「適応できないダメなヤツ」と烙印《らくいん》を押されるのが怖かった。「私たちの目標になってください」と励ましてくれた女性の後輩に迷惑をかけるという思いもありました。

飲み会だけでなく、組合業務でも先輩にハラスメントを受けました。わからないことを聞いても、「自分で調べろ」。聞けない、失敗する、怒られるを繰り返し、大勢の前で罵倒されたこともありました。心を病み、いまは休職しています。

その先輩もさらに先輩から同様にされていたようです。はあちゅうさんの記事を読み、「苦しいことを経験しなければ成長しないという誤った体育会的思考」「不要な痛みを下に押しつけることはもうやめましょう」という言葉に共感しました。

お酒がないと本音で話せないという論理が脈々と受け継がれてきた。さらに、世話や盛り上げなどの「女性の役割」を課す。おかしいと感じながら、私は体調を崩すまで従ってしまいました。

苦しむ人に「逃げちゃっていいよ」と伝えたい。ハラスメントに気づいた周りの人は、雑談でもＳＮＳでもいいので「おかしくない？」と発してみてほしい。セクハラやパワハラは「そういうもの」とされてきました。加害するのも被害を隠すのも、そう押しつけてきた「上」の人たち。「嫌だ」「おかしい」と不特定多数の声が集まれば、その行為が非難されることだと気づかせるチャンスになります。

自らの被害を語る人
職場のセクハラがひどくて…
毎朝痴漢に遭っていて……
こんなにひどい目に…
に対して世間は厳しい
被害者ぶるな！
そんなことは誰にでもある！
自分にも悪い点があるだろう！
なので
私に起きたことは大したことないんだ……
と発言をひっこめてしまう
その空気は「まだ発言していない人」にも充満する
私は言わないでおこう
流すのが大人のたしなみ
だけど被害をないことにするというのは
黙ってるほうがいい
被害
ぐぐぐ…
つらい理不尽を「自分」にも理解されない
うるさい黙ってて！
大したことないんだ
ということなので
ひそかに苦しみは増幅する
私は大丈夫！
黙ってろ
被害
暴れてるけど無自覚
こういう状態になるとつい
大変なのはあなただけじゃないの
私は乗りこえたからあなたもがんばって
でもつらいんです
あれ？
私…世間と同じこと言ってる…
被害者同士が連帯しづらくなって
でも私みたいにしたほうがいいから！ね！
加害者に怒りの矛先が向かなくなってくる……

中高生の頃、毎朝誰かしら痴漢に怒ってた
ほんとにいいかげんにしろよ!!
ほんとなんなの?!
キモすぎる!!
先生に訴えても
いるんだよなァおかしなやつが
ハハハッ
痴漢は「出るから仕方ない」
また出た!!
あーやだやだ
ギャアアー
あっちいけ!
害虫のような扱いをされていた
私、痴漢に遭ったことない…という人は少数派で
女として魅力ないのかな…
と、悩み出す
そういうことじゃないから!
と、言いながら
じゃあどういうことなんだ?!
よく分からなかった
今なら分かる!
痴漢は性欲の犯罪である以上にいじめ欲の犯罪だから!
女としての魅力どうのって話じゃないってこと!
10代の中高生たちは子ども。その子たちが通学中人知れず恐怖と闘い
安全を侵害されているという重大な犯罪
そういった意識を子どもにとって強者である大人たちが持たなくてどーする!
やっている本人が自制する努力をするのは当たり前だし
他の大人たちの意識も変えないといけない
先生のことですヨ

読者のモヤモヤ

高1のころ、塾の帰りに40代くらいの男にいきなりがっと胸を触られた。ぼうぜんとし、そして逃げなくてはと走った。男はケーキ屋の箱を持っていた。妻や娘がいるのだろう。それなのにと思うと、さらに悔しくてたまらなかった。**苦しんでいる人にあなただけじゃないよと伝えたいし、加害者をつくってはいけない、**そう思う。（49歳　パート）

アニメで女性の胸が揺れたりスカートを切られたりする場面に違和感がある。諦めていたが、**嫌だと声を上げなければ変わらない**と思った。（55歳　パート）

モテることで高まる自己評価を、本質的な価値と錯覚している人が多いのでは。性的創作物が表すのも「こんな異性はモテる」というメッセージ。**一対一でひかれ合うのが恋愛。**不特定多数からモテるかどうかばかり重視すべきではない。（40歳　男性　介護福祉士）

胸の小ささをからかわれ続けてきた。男性に置き換えたらどれだけえげつないことか、想像してほしい。電車の中吊り広告には扇情的な言葉が並び、痴漢を捕まえても警察は立件しない。**女性目線が排除された、男性に都合のよい社会に生きていると思う。**言いたいことを言いづらい風潮の中、新聞にこうした欄があることがありがたい。

（19歳　学生）


男性だが痴漢に遭ったことがあり、その不快さはよくわかる。**女性専用車を巡る対立は不毛だ。**安全に電車に乗る権利が保障されてほしい。

（51歳　男性　会社員）


生徒指導の大変な中学で教えていた30年前、男性教員に「お前は男を知らないから指導ができない。一人前の女にしてやる」と迫られました。今なら懲戒ものですが、**指導力と性的経験を結びつけるゆがんだ価値観は残っている**と感じます。

（57歳　教員）

3 セクハラ なぜ自覚ない？

魔が差した。そんなつもりじゃなかった……。セクハラ加害者たちは、似通った言葉を口にする。立場の弱い者が「ノーと言えない」ことに、なぜ気づけないのか。

力関係認識すべき

■社団法人「職場のハラスメント研究所」の代表理事をつとめる金子雅臣さんは、2006年の著書『壊れる男たち―セクハラはなぜ繰り返されるのか』(岩波新書)でセクハラ加害者の実情を報告。セクハラは男性の問題だと訴え続けている。

「#MeToo」は被害女性の告発にとどまっている印象で、心が痛みます。社会で一般的に優位な立場にいる男性が自分の問題として受け止めない限り、現状は変わりません。

男性は職場でも女性を性的な視線で見ることに慣れ過ぎています。出張から夜遅く帰社したら、部下の女性がいた。残業だと説明した女性が「出張の結果も気になった」と言い添えると、男性は「俺のために残ってくれた」と思い込む――。

セクハラに関する研修で使う例ですが、男性受講者の多くがこの時点で恋愛感情を抱くことに納得するのです。「そんな風に思われたら女性は残業もできない」と私が解説すると、自分たちのおかしさに気づきます。

それでも男性は「みんな、そうなんじゃない？」で思考を止める。セクハラを認めたとしても「魔が差した」「ストレス」で済ませてしまう。そこを突っ込まないといけません。性的な視線には優位性や差別意識が潜んでいます。女性がノーと言わないことを、言えないのだと気づかない。力関係があるゆえの相手の言動を、好意と曲解する。

被害に遭うのは、離婚した女性や地方出身の独身女性が少なくありません。無意識に、本当は意識的なのですが、ノーと言いづらい環境の人を標的にするのです。ところが、「ノーと言わないのが悪い」「なぜ言わない」と女性が非難される。「女性はイエスと言ったのか」と男性に問うべきです。

男性はまず、自分の思っていることを率直に語ってほしい。矛盾にぶつかり、力関係の差による男性独特の意識に気づけるはずです。思い込みを脱し、「魔が差した」の先に向き合うときではないでしょうか。

「男らしさ」先入観

■異性とのエピソードを振り返り、「あのとき、やれたか、やれなかったのか」を第三者の「委員会」に判定してもらう設定の漫画「やれたかも委員会」。作者の吉田貴司さんに話を聞いた。

「女の子と遊びに行った。何事もなく家に帰ったけれど、今日のデートって何だったんだ？」と考えたことのある男性は多いのではないかと思います。

僕自身、20代のころはそんなことばかりでした。女の子が笑いかけてくれたら好意があると誤解したり、口説かなきゃとプレッシャーに感じたり、女の子の気持ちなんてさっぱりわかりませんでした。典型的なモテない男です。

女の子にしたら「そうよ、押してよ」という場合もあるし、「違うよ、バカ」という場合もあるし、「どっちでもいいわ」という時もあるだろうし、はたまた性的な目で見られること自体に怒る人もいるかもしれません。ただそういう「色んな人がいる」ということに気づいたのは随分後になってからです。

痴漢やセクハラはもちろんしたことはありませんが、若いころは女性に失礼なことをしたし、されたと思います。なんとか生き延びましたが。

僕の場合は27歳で結婚し、30代半ばを超えたあたりから、だんだんと距離をとって女性を眺められるようになってきました。そして「あの時彼女たちは本当はどう思ってたんだろう」と落ち着いて検証し始めたのが、「やれたかも委員会」という作品なのかもしれません。

20代のころは「女の子にアプローチしないとダメ。女性を口説き落とすことこそが男らしい」という思い込みが強かったです。歌の歌詞や漫画にもそういう価値観があって影響されまくっていました。最近の性交渉の同意が食い違う問題でも「男社会の中で良しとされている、女性に対する男らしさ」が関係している部分もあるのではないでしょうか。

また#ＭｅＴｏｏ運動が話題になるたびに、僕もセクハラはダメだと思いますが、なんとなく声は上げにくいです。なぜなら「やれたかも委員会」なんてタイトルの漫画自体がセクハラだと言われると「その通りだ」と言わざるをえないからです。

細心の注意を払っていますが、男の性について描いている以上「セクハラ性」は伴います。殺人はダメですが、誰でも「暴力性」を抱えているように、セクハラはダメだけど多くの男性は「セクハラ性」を抱えているのだと思います。だから声は上げにくい。そういった「セクハラ性」を受け止めたうえで、「でも痴漢はダメ。セクハラもダメ」と言うと、もう少し男性も「その通り」と賛同しやすくなるんじゃないでしょうか。少なくとも僕は手を挙げやすくなります。

4 女性の声 男性の本音は

エピソード1 嫌なら「嫌」と言って

■職場に女性が多く、セクハラには気をつけている病院職員の男性（47）。セクハラかどうかの線引きは一律にはできないと感じている。

体に絶対触らない、容姿には一切触れない。誰かが髪の毛を切ってきても気づかないふうを装います。体重や年齢はもちろん、俳優の誰に似ていると言うのもダメ。相手がうれしいとは限らないから。受け取る側がいいと思わなければアウト。危うい行為はゼロにしようと。慣れたので、息苦しくもありません。

20年ほど前は違いました。飲み会で女性の胸を触る人もいたし、僕もカルピスを飲む女性に性的なことを言った。悪ふざけのつもりでしたし、相手も気にしていなかったと思います。気にしているとわかっていたら、20年前の僕でも口にしません。でも、女性は波風を立たせたくなかっただけかも。そこまで深くは女性の気持ちを想像しなかった。

セクハラが社会問題になり、僕も妻にも促されて注意するようになりました。ただ、セクハラは主観にも左右されます。する側の「このくらいならいいだろう」も主観だし、受け止められるラインも女性によって違う。セクハラはなくなりはしないだろうなとも思います。

でも、ラインは人それぞれだと知ることで、減らすことはできるのでは。嫌なら「嫌」と言ってほしい。これはセーフと思っている男性も、指摘されたら素直に従う。女性が声を上げられる世の中になれば、その人のラインがわかり、僕も一切ゼロにしなくてもいいかもしれません。

エピソード❷ 地位使った確信犯も

■会社を定年まで勤め上げた元役員の男性（74）は、「当時の言動は今から思うとほとんどアウト。相手を傷つけた」と振り返る。

容姿について触れるのは当たり前でした。早く結婚すべし。子どもはまだか。仕方を知らないのか。「結構喜んでいる」という風に思い込み、逃げていました。女性は結婚して退社しなさいという時代。女性たちの立場に立っていなかった。いろいろな女性がいて、結婚などにもそれぞれ事情や考えがあることに、思いが至らなかった。

不愉快だと女性が表に出せないのは、いまだどの世界でも男が幅を利かせているから。

数でも地位でも男と女の力関係に差がある。職場では基本的には男女関係はなしにすべきなのでしょう。それでも男女関係を持ち込むのなら、結果は権力のある人が責任を負うべきです。上司と部下の場合、部下は断れない。それを上司は気づかないと言われますが、上司だった自分の経験から考えると、そんなことはない。確信犯もあるのではと思います。

会社員時代の後半で、「セクハラですよ」と言動を軽く注意されたこともありました。でも、被害者がどれほど傷ついているか、気づいたのはここ数年です。女性や被害者が声を上げ、問題が表に出てきた。いろいろな意見を知り、自分が悪いことをしたのだと反省しました。

エピソード3 「大丈夫な人」選んだ

■自営業の男性（43）は、男性が多い同業者グループの中の振る舞いには問題あり、と振り返る。

男子高出身で、大学で女の子と学生生活を送れるのがうれしく、舞い上がっていました。この子とはセックスできるだろうかと、女の子とすれ違うたびに考えていました。

行動に出たこともありました。ゼミで隣に座った女の子の脚と、私の脚が触れたとき、脚をすりすりとこすりつけました。「何してる。ぶっ殺すぞ」と女性に言われて、はっとしました。嫌がられているとようやく気づきました。

働きだしてから、そんなことはしていません。でも、仕事の同業者は男がほとんどで、そうした人たちと集まったときを考えると……。共通の知人女性の容姿を「尻がでかい」などと面白おかしく話したり、猥談《わいだん》で盛り上がったりするのはしょっちゅうです。

集まりに女性がいることもありますが、「こういう世界だとわかっているはず」と決め込んで、気にせず話しています。嫌がる様子を見たことがないので、〝大丈夫な人〟と勝手に受け取っていました。

「話をしているだけ。セクハラには気をつけている」と自分では考えているつもりでしたが、振り返ってみると、学生時代より悪質だとも思います。「セクハラだ」と言いそうな人にはやらないからです。抗議しなさそうな人を選んだり、勝手にそう決めつけたりするのは、女性を見下すことです。これほど失礼なことはなかったなと思っています。

読者のモヤモヤ

老人施設でボランティアをしていると、手に触れてくる女性がいる。**性的な触れ合いを求める気持ちはいくつになっても衰えないと気づく。**私も同じ。建物ガイドのボランティアもしているが、いろりの煙が風下の女性見学者に流れると、「私と一緒で、煙も女性が大好きで」と言って笑いをとるが、これはセクハラでしょうか。

（79歳　男性　無職）

社会人になったころ、キャバレーのように女性社員を名前で呼び捨てにする上司がいた。**男は思い込みが激しい。**教育しないと会社はもう生き残れない。

（48歳　男性　会社員）

新入社員のころ、先輩のシステム手帳が使いやすそうだったので同じものを購入。**自分に気があると勘違いした先輩は次第になれなれしくなり、**仕事中に意味不明な目配せまでしてくる始末。一言「まねさせてもらいました」と言えばよかった。

（46歳　主婦）

ここまで男性の感覚がずれているのかとがくぜんとしました。悪ふざけのつもり、女性の方も気にしていなかったと思うだなんて、そんなわけないじゃないですか。でも、感覚の違いがわかったのはよかった。多くの男性が読んでくれているかどうかということが心配です。気にもしていない人は読まないと思うので……。

（53歳　主婦）

職場でセクハラを受けたことはないと思っていたが、思い込んでいただけで、**私の周りにも被害を言い出せない人がいるかも。**気にしていきたい。

（38歳　パート）

何がセクハラかわからない男性にお勧めの方法があります。**あなたの姉妹や娘、母親が同じ目に遭ったらと想像してください。**娘が「胸触らせろ」とよその男に言われたら。娘がどんなに嫌か、あなたも不愉快になるか、わかるでしょう？

（59歳　主婦）

5 無自覚な男性の声に驚き

エピソード❶ 注意すると逆ギレも

■ハラスメントを注意されて、反省できる人はいい。プライドが高く、逆ギレする人もいるとアルバイト女性（37）は話す。

調理専門学校を卒業し、カフェやレストランで働きました。その中で、体つきをジロジロ見てくる上司や、「厨房の女子はかわいげがないから、接客担当を狙いな」と男性社員で話すなど、セクハラをたくさん受けてきました。セクハラだと注意すると、「はいはいはいはい、どうせオレが悪いんだろ」と逆ギレする男性もかなりいました。

自分の行為を振り返って反省できる男性は、かなり清潔な考えの人たちだと思います。セクハラとは何かがわかっていないことに加えて、プライドが高くて自分以外の価値観を柔軟に取り込めない人が多いと感じます。競争社会で追い込まれている男性は、批判に臆病で逆ギレするのかなとも思います。

被害を口にできる機会が増えたのはよかった。ただ、逆ギレする人に直接注意してもどうにもならない。また、告発した人を非難することは最もだめなことです。被害者が安心して話せるように相談窓口を増やすことと、セクハラを正しく理解している人の輪を広げていくことで、徐々に職場の空気を変える。加害の当事者に「環境の変化」を感じ取ってもらうことが効果的かもしれません。

エピソード２ 相手の思い想像して

■セクハラで心身ともに深く傷つくのは女性。でも……。主婦（50）は、最近の議論が「加害者は男性、被害者は女性」という図式に固執していると感じている。

異性の言動にイヤな思いをするのは女性に限らないでしょう。自分の悩みや弱みをみせたり、仕事に関係ない個人的な相談をしたりして、実は女性が男性を困らせるケースもあるのでは。職場で女性から親の病気について相談され、泣かれたという知り合いの男性がいます。はたから見たら「なんで女が泣いている」となる。困惑したそうです。でも、男性はやめてくれと言いづらい。

女性と気まずくなって逆にセクハラなどと言われ、会社に配置換えを相談しても２人の関係を勘繰《かんぐ》られかねない。女性が被害者という固定観念があるからです。男性が相手の言動に違和感を抱いても、訴えにくい側面があります。

同じ言動でも男性だけが問題視される傾向もあると思います。結婚していないことや子どもがいないからダメなんだといったことを男性が女性に言えば、セクハラと批判されます。女性同士なら？　個人的な問題としてうやむやに済まされそうです。

セクハラ、パワハラとラベルを貼ることで過剰に反応したり、相手を傷つけたという本質が見えなくなったりすると感じます。いろんな事情や考えの人がいるのだから、男性、女性にかかわらず、相手がどんな思いかを想像し、自分の言動を一歩引いて見てほしい。そうしないとすごく息苦しい世の中になってしまうと思います。

エピソード3　透けてくる差別意識

■フリーでマーケティングの仕事をしている女性（47）は、参加しているプロジェクトのリーダーのセクハラ発言の裏に、女性をバカにしている意識を感じ、憤っている。

プロジェクトには私のほかに女性のメンバーが2人います。どちらも私より10歳以上年下で、きれいな方たちです。

チームのトップの男性はランチミーティングや会議のとき、私以外の女性たちに「ネイルにも気を遣ってきれいにしているね」「今日の服装、女性らしくていいね」などと、毎回のように「きれいな女性に対してならでは」の冗談を言いまくります。ほめているつもりのようですが、からかい調。女性たちは笑ってはいるものの、不快に受け止めていることが伝わってきます。会議が終わってから、「今日も気持ち悪かった」と話すこともあります。

私自身はこうした言動の対象になっていませんが、女性たちが露骨なセクハラをされているのを見るのは腹立たしい。セクハラをする、しないの対象を選ぶ基準の奥に、若さやきれいさで女性の価値を決めつける差別意識が透けて見えます。

リーダーは「女性は買い物をするときに品質の良しあしなんか見ていない。色が気に入るかどうかでしょ」といった発言もします。セクハラをする人は女性を下に見て、バカにしている。自分が被害に遭っていなくても、そうしたことを感じ、不愉快です。

言っても言っても全然ワカンナイ人たちって
そんな風に受け取られてもなァ〜
どこからがセクハラなの？
イケメンならOKなんでしょ？
NGワード帳
女の人は「女である」という点しか価値がないと思っていて
美人
独身
太ってる
セクハラフィルター
自分のことだけ尊重していて
「女のことは人間と思ってない人」だと思ってました
美人なのにな？
やせないとね！
結婚はいつ？
キャキャ
ケタケタ
個人的に
でも彼らは
こちらも人間なんです人として扱って下さい
大げさだなァ
？
「人間扱い」する・されるの意味自体分かってない感じがする
実は彼ら自身が自分のことを人間扱いしてないのではないだろうか
会社名
立場
役職
年齢
学歴
男
これが私という人間
自分の感情や人権への意識がない
性別とか年齢とかの「入れ物」に沿って生きる、それが人生だと思ってる人に
？？
注意しても通じない……
学校教育や社会全体の問題になってくる…

ハラスメントの〝加害者〟の言うことってどれも似てる
断じてセクハラではない
事件性のあることだとは思っていなかった
これってなんなんだろうと思ってた
自分としてはそんなつもりない
話は変わって人というものは時に「非生産的なこと」をする
スマホのパズルゲーム
のみすぎる
BEER
ボーっとする
などなど
これらは
ストレスから回避しひとまず自分を落ち着かせるための癒やし行為であると言える
やんなきゃいけないこと
自分ではどうにもならないこと
進まない家事
ハラスメントも
やっても何も生み出さない
暴力
暴言
無視
制裁
ヒワイな言動
他者に対する「非生産的な言動」と言いかえられる
※「ハラスメント」とは、いじめ、嫌がらせ
つまり加害者にとってハラスメントは自分に対しての癒やしであって積極的な言動ではないのである
だから
それはハラスメントですよ！
ハラスメントなどしていない！
無礼な！
と、堂々と言い切れるのでは？と思います

6 セクハラ告発 僕の後悔

＃ＭｅＴｏｏでセクハラ行為を告発された男性は、訴えをどう受け止めたか。告発された演出家の市原幹也氏、告発した俳優の知乃《ちの》氏、両者の意見とは。

市原幹也氏（演出家）

権力への自覚が乏しかった

２０１７年12月、僕の生活は一変しました。知乃さんが、僕から3年前にセクハラを受けたとツイッターで投稿してからです。

彼女の投稿が目に飛び込んできたとき、手に汗がにじみ、鼓動が速くなりました。途端に「変態」「死ね」とのコメントが、ツイッターやメールに押し寄せました。

彼女に好意を寄せたが拒まれた、そんな記憶はありました。まずは率直に謝りたいと思い、ウェブ上で反省と謝罪のコメントを出しましたが厳しい批判にさらされました。

信じてもらえないかもしれませんが、僕自身はセクハラを憎む側の人間だと思っていました。役者だったかつての恋人から「配役につけてもらうために演出家と寝なければならない」と告げられ、一緒に泣いたことをありありと覚えています。なのになぜ人を傷つけてしまったのか、教訓を伝え、今後のセクハラを減らすことに役立てばと思い、取材を受けることにしました。

当時それほどまでに人を傷つけ、つらい思いをさせた認識は、恥ずかしながら希薄でした。その後、考えを巡らす中で、嫌だと言い出せない、相手を遠慮させてしまう関係性だったこと、そして相手の心情をくみ取れない自分の想像力の欠如が根幹にあったと思うに至りました。

僕は本来、気の弱い人間です。そんな自分を大きく見せようと虚勢を張っていた。次第に自分が立派な人間だと愚かにも勘違いし、また相手をも勘違いさせてしまった。強権的な演出方法を嫌悪してきたので女性たちにもフラットに向き合っていたつもりですが、相手は必ずしもそうではなかったのでしょう。権力への自覚が乏しかったのだと思います。

自ら客観視できず

フリーランスは公私の線引きがしづらく、僕自身、飲食の席でも人脈をつくり、仕事につなげてきました。女性たちが親しみをこめた態度だったのは人脈や情報を知りたいからだったかもしれないのに、僕は好かれていると勘違いした。「一緒に仕事しようね」などと個人的な好意を向けたことで、「立場を利用して関係を迫った」と取られてしまった。軽率だったと悔やんでいます。

また、かつての恋愛の成功体験にとらわれ、目の前の相手との合意形成がおざなりだったかもしれません。加えて、僕は既に立派なオジサンで、年の離れた女性は気持ち悪く感じただろうに、自己を客観的に見られなかったことも恥じています。

告発を機に仕事を失いました。教育やまちづくりの現場で年間数十件のワークショップを手がけてきましたが、契約はすべて解除に。友人も失いました。「何があったの」と事実を確認してくれた人はほぼなく、一方的に「縁を切ります」といった類《たぐい》の連絡が次々に来ました。

僕がこの世からいなくなればいいんだろう。布団の中で泣き明かしました。人の目が怖く、写真を撮られるかもと思うと外出できない。どうしても電車に乗らねばならないときは端の車両に乗ります。SNSを通じて告発されることの重みを身にしみて感じています。

知乃さんの告発内容と僕の事実認識は完全には一致していません。でも、釈明したら彼女を傷つけかねない。自分はこれ以上彼女を傷つけてはいけないと思いました。一方で、ネット上で話題になる中で、有名劇団のキャスティングをちらつかせて性的関係を迫ったということが事実として固定化するのを、ただ眺めるしかできなかった。知乃さんとは2018年4月に和解しましたが、世間には許されず、死ぬことでしか償えないのかとしばしば考えます。

振り返って最もつらかったのは、僕の大切な友人らにまで脅迫的なメールが押し寄せ、深い傷を負わせてしまったことです。希望を述べることが許されるならば、事実の確認もなく周辺にまで一方的に怒りをぶつけないでほしいと願います。それは告発者が二次被害を受けることにもなりかねないのではないでしょうか。

これを読んだ男性が「恐ろしい。女性には何も言えないな」と口をつぐむならば、僕の意図するところではありません。「＃ＭｅＴｏｏ」の意義を僕は肯定的に評価したいのです。セクハラだと感じたらその場で臆せず「嫌だ」と声を上げることができ、言われた側は誠実に受け止める、そんな社会になる過渡期なのでしょう。

葛藤や衝突を乗り越えて理想を探る共同作業の意義を、僕は演劇に学びました。対話の大切さを伝える立場だったのに、取り返しのつかない失敗をしました。でも、僕の失敗が男女間の隔たりを埋める対話の一助になればと願い、できるだけ率直に、正直にお話ししたつもりです。少しでもお役に立てれば幸いです。

いちはら・みきや　１９７８年、山口県生まれ。北九州市立大学在学中に演劇と出会う。劇団「のこされ劇場≡」を主宰してきた。セクハラの告発を機に劇団は解散。現代美術の国際展・横浜トリエンナーレのコーディネーター職は契約解除となった。

「我慢は美徳」もういらない

知乃氏（俳優）

市原さんのインタビュー原稿を読みました。私の感覚とは根本的にズレてると思いました。自覚なくセクハラをしてしまった後悔がつづられていますが、本当に無意識だったのでしょうか。もし私が業界の大物だったら同じ態度が取れたのでしょうか。「意識的な無意識」という印象を拭えません。後悔は伝わりましたが、女性の人権を軽視してきたことへの認識が甘いと感じます。

私が「#MeToo」で発言して以降、市原さんにセクハラを受けたという声が数件寄せられました。私が沈黙していたために被害者を増やしてしまったのではと、責任を感じています。彼の人生が変わったのは私の責任ではないでしょう。

日本では、「#MeToo」が「一部の人たちの話題」になってしまい、「自分に何ができるか」「何をするべきか」、そんな発想が育っていないのは残念です。

日本人は、性的接触の合意形成に言葉を尽くしてこなかったのではないでしょうか。打ち解けたからといってキスを許したことにならないのは当然ですが、仮にキスしても性行為の合意にはならない。言葉での確認が不可欠なのに、雰囲気や成り行きで性的関係を結ぼうとしてきたと感じています。

女だけに恥じらいや貞操観念を求めつつ、察しろ、空気を読めというのはナンセンスです。「＃ＭｅＴｏｏ」は、虐げられ、沈黙を強いられてきた女たちの反乱です。「我慢は美徳」という風潮はもういりません。

和解が成立した4月、彼からの賠償をもとに「演劇・映画・芸能界のセクハラ・パワハラをなくす会」を立ち上げました。被害に遭った場合の情報提供や相談窓口としても機能したいですが、立場のある人たちに啓発活動をすることで被害の未然防止を図りたい。既にいくつかの被害の訴えが寄せられています。

セクハラに関する法整備はいまだ不十分です。「『＃ＭｅＴｏｏ』で告発されるかも」、そんな恐れが抑止力になればいいと思っています。

ちの　１９９７年生まれ。15歳から演劇を始める。劇団TremendousCircus団長。17歳のときにモデル撮影を仲介した市原さんから、カラオケ店内でセクハラ行為を受けたとして告発した。

7 セクハラ告発　私は思う

エピソード❶ 大事なのは知ること

■仕事をちらつかせた男性から性被害に遭った女性（37）は、セクハラは絶対に許されない行為だと、すべての人がしっかり知るとともに、人と向き合う責任感を育むことが大切ではないかと話す。

20代のころ、レコード会社に所属して歌手活動をしていました。ライブ活動の後に声をかけてきた50代くらいの男性に「取材」とだまされて、カラオケの個室に呼ばれました。そこで下着に手を入れられ、胸をつかまれました。

私は恐怖で体が固まり、涙があふれました。男性は「そんなに繊細だと思わなかった」と言って、ハンカチを差し出してきました。2、3日悩んでから警察に相談すると、「強制わいせつだ」と教えられました。でも相手に逃げられた後で、どうすることもできませんでした。

嫌な体験をしたけれど、「犯罪だ」という認識がなく、どうしたらよいかわからなかった。男と女で受け取り方が違うということではなく、何が悪いか、どういう行為は犯罪にすらなり得るのかを詳しく知れば、被害者にも加害者にもならずに済むのではないでしょうか。大事なのは教育だと思います。

法律だけではなく、性教育も必要です。人と向き合う責任感や思いやりをすべての人が自覚していたら、いつしかトラブルはなくなっていくのではないでしょうか。

被害に遭った人が声を上げることは、とても意味があります。加害者はいきなり言われたとドーンと来るかもしれません。でも、それだけ重いことをしたのだと、発信してくれてこそわかる。当事者だけでなく、周りの私たちも、「こういうことは問題なんだ」と考えるきっかけにするとよいと思います。

エピソード❷ SNS利用に危うさ

■図書館補助員の50代女性は記事を読んで「なんとも言えない後味の悪さが残った」と語る。

刑事事件の被告でも弁明のチャンスがあるのに、ネットで告発された途端に第三者の無責任な中傷や非難にさらされてしまいます。

知乃さんの主張はよくわかりますが、ツイッターなどSNSを使った告発は危ういとも感じます。まずは市原さんに対して、「3年前のあのことが許せない。謝罪してほしい」

いでしょうか。

と直接伝え、やりとりして納得がいかなかったら、改めて世に問う方法もあったのではな

これまで、少なくない男性が悪意も自覚もないままに、性的な思惑を女性たちに押しつけてきました。#MeTooの発信を通じて男性の意識改革につながってほしいと願いますが、一部の人間のあぶり出しと糾弾の場になっている現状には疑問を感じています。

エピソード③ 加害気づかない人も

■「自分がセクハラをしていたことは指摘されて初めて気づいたのでしょう」。派遣社員の40代女性は、感度の鈍さや、被害者との感覚のズレを感じたという。

市原さんは自分のつらさを強調しているように感じられますが、一番に考えるべきは被害者のつらさ。

20代のころ、会社の飲み会でカラオケに行き、酔っ払った男性社員に覆いかぶさられたことがあります。周囲の人は本気では止めてくれませんでした。後日、加害者が何もなかったかのように「おはよう」と言ってきたことを覚えています。

それから、恋人に目の前から抱きつかれるとビクッとするようになりました。発作的に「やだ」と言ってしまったことも。好きな人なのに、安心して身を委ねられなくなってし

まった自分が悲しかった。数分の出来事なのに、40代になってもよみがえる。

被害の体験は誰にも話せませんでした。当時は相談できる窓口はなく、被害を訴える術も発想もなかった。でも、声を上げないと、自分の言動がどれだけ人を傷つけるかわからない人がいる。知乃さんのように、声を上げてくれた人の勇気や力は大きいです。

エピソード4　「NO」と言えるように

■高校1年生の女性（15）は、被害当時の知乃さんが自分と同じ高校生だったことに目を向ける。

もし私が同じ目に遭ったら、その場で明確に「嫌だ」と言えるか自問しました。相手が逆上したら暴力を振るわれるかもしれない。体格差もある目上の男性を相手に、強い不快感や拒否を示すことは難しいです。

性的なことに限らず、女性は「やめろ」といった強い命令形の言葉を発せません。相手の気分を害さないかと気にしながら、笑顔も浮かべてやんわり伝えてしまう。でも、きちんと「嫌だ」「つらい」と伝えないと、男性は加害者の自覚を持てないのだと記事を読んで痛感しました。

女子高生がJKともてはやされ、制服が性的なモチーフになるなど、自分の女性としての価値は今が頂点なのかという気持ち悪さがあります。男性やメディアの思惑に振り回されず、自分の「性」と「生」を大事にするためにも、女性が「NO」を言える社会であってほしいです。

被害の事実を受けとめ社会に変化を

BuzzFeed Japan 創刊編集長　古田大輔氏

セクハラをはじめとするハラスメントは世の中に蔓延しているのに、見過ごされてきた。被害者が声を上げ、可視化して世の中を変えようとする運動が#MeTooです。これを「アメリカの動き」として紹介する日本の報道に違和感を抱き、2017年10月に特設ページを立ち上げました。日本でも被害がないはずがないと。多くの人が「私も」と声を寄せました。独自に報じる際は情報をしっかり検証しています。誤りがあれば被害者をさらに傷つけ、告発された側も反論手段が事実上ないからです。はあちゅうさんの記事も、関係者や加害者側に何カ月もかけて取材しました。

SNSを使って声を上げる運動には批判もあります。一つが、相手や職場に直接言うべきだというもの。でも、相手も職場も警察もマスメディアも動かないなか、被害者が最後に頼ったのが個人で発信できるSNSだった点は理解してほしい。

同時に、一気に拡散される情報は真偽不明なものも多い。事実だとしても、加害者や関係者への批判や中傷によって、社会のさらなる対立や分断を招きかねません。#MeTooは個人攻撃が主目的ではなく、みんなでハラスメントのない社会をめざす運動で、そこから#WeTooという運動も生まれています。僕も含め、すべての人が被害者にも加害者にもなり得るし、今起きていることを見逃してきた当事者という意識が大切なのではないでしょうか。

被害があるという事実を受け止める。次に、それを減らし防ぐため、それぞれが職場や家庭でできることをしていく。メディア自身も変わらなければなりません。誰もが情報を発信し共有できる現代の〝情報の民主化〟を、実社会のいい変化に結びつけていけたらいいと思います。

この社会は
人間とは加害などしないものである
という前提があるから
こんなヒドい目に遭ったんだ…
そんなこと本当にあるの？
かんちがいじゃない？
ちょっと触られたくらいでそんなに騒ぐなんて
裏があるんじゃ？
被害をまず疑う悪習があるし
やったとなれば理解できない異常者として切り捨てる傾向も強い
あいつら人間じゃねえー!!
人間とは加害しないものである
加害者
だから不毛なやりとりが続く
セクハラなどしていない！
こう言ってるんだよねえ。何かのまちがいじゃないの？
あっちに行ったらおわりだ
そんな…
前提が変わればいいと思う
ゾロゾロ
みなさんこっちでーす
加害などしない
人は加害するものだ
そしたら今よりは
セクハラしないで！
お前やめろ勉強してこい！
セクハラについて！
えっスミマセン…
わかりました
人間は加害するものだ
円滑になる気がする

例えばあなたが突然見知らぬ人に殴られたとしよう
ガッ
痛っ!!
東口
改札
そんな時の周りの人たちの反応 例えば①知らんぷり
シラー
え…気付かないフリ?!
例えば②謎のほほえみ
ヤレヤレ…
なに その感じ?!
こっちが殴られても仕方ないことをなにかしてたのか?!
ドキドキ
例えば③怒り
オイ なにしてんだ お前!
誰か110番!
大丈夫ですか?!
駅員さーん!
この人に殴られたんです
見てたよ! ひどい目にあったね!
③までハッキリ示さなくても
④表情や動作でも人を"助ける"ことができる
!?
……
やっぱりこっちが被害者でいいんだ…!
中高生の頃、人知れず痴漢に遭い電車内で叫んでも
周りの大人たちは①か②がほとんどでたまに④て感じでした
ちかんです!
学校の先生たちは徹底して①か②だけ
シラ〜
ちかんにあうんです
ヤレヤレ
それってどーなのっていまだに思う

8 男性も #MeToo

セクハラは、加害者は男性で被害者は女性のみとは限らない。当然ながら、その逆や同性同士の場合も起こりうる。#MeTooで名乗り出た男性被害者の訴えとは。

何度もセクハラ被害

■「僕も#MeTooの一人です」と、やなせひろみさんは話す。演歌歌手を夢見てきたが、2年前に男性プロデューサーからセクハラに遭ったとして、裁判で争っている。

高卒後、音楽スクールでレッスンを受けたり、歌手の付き人をしたりしてきました。芸能プロダクションの訓練生だったとき、プロデューサーからホテルの一室に呼び出され、セクハラ被害を受けました。

訴訟を起こしましたが、相手は否認し、名誉毀損でこちらを訴えました。僕は活動を自粛し、沈黙を守りました。その後、伊藤詩織さんがレイプ被害を訴え、はあちゅうさんが過去のハラスメントを明らかにしました。それを知り、僕も悪いことはしていない、隠さなくていいと思ったんです。勇気づけられて、ＳＮＳで発信を始めました。

それまでも何度もセクハラに遭っていました。レコード会社のマネジャーに抱きつかれたり、先輩歌手からホテルに誘われたり。これが業界の体質かと驚きつつ、あいまいな笑顔でやり過ごしてきました。夢をあきらめたくなかったからです。

でも、今回の被害をきっかけにＰＴＳＤ（心的外傷後ストレス障害）を発症してしまいました。常に手が震え、細かい作業に支障があります。パニック発作を抑える薬の副作用で、常に眠気を抱えています。同居の母にストレスをぶつけてしまうこともあります。

色恋は芸の肥やしとされる業界で権力を持つ者が服従を強いてきた。被害者が苦しみを内に抱え込んできたことも、被害が再生産される要因になってきました。そんな構造はもう終わりにしなければ。被害者が団結してＮＯを言うべき時です。

＃ＭｅＴｏｏで男性被害者が名乗り出たケースはほぼないようです。「泣き言を言うな」「自分に責任を持て」「長いものに巻かれろ」。男性はそんな風に強いられて、本音を抑え込んでいるのではないでしょうか。ＳＮＳに共感を寄せてくれるのは、ほとんどが女性。多くの男性は無関心で、共感も想像もできない。

ネットでは「売名行為」とたたかれ、知人からは「お前はバカだ」「寝ることもできないなんて、その程度の志かよ」と言われました。

男性が沈黙した結果、＃ＭｅＴｏｏは女性による男性糾弾の場となり、僕は取り残されているような寂しい気持ちです。女性のためではなく、性被害者のための＃ＭｅＴｏｏであってほしいのですが。

現在、月2回の健康ランドが唯一のステージで、デビューの見通しは立ちません。でも、声を上げなければ永遠に悔いが残ったと思います。おかしいものをおかしいと言う。僕には自然なことだったのです。

やなせひろみ　1986年生まれ。歌手。

深く傷つくのは同じ

■「性暴力の被害には男性も女性もない」と、NPO法人性暴力被害者支援センター・ひょうごの事務局長、福岡ともみさんは話す。

男性の性被害は「そんなことあるはずない」「あったとしても、男なんだから傷つかないはずだ」などと思われがちです。学校でみんなの前でズボンを脱がされたら――、女性なら重大な性被害ととらえてもらえますが、男性なら「からかい行為」「よくある通過儀礼」で片付けられてしまう。深く傷ついているのは同じなのに受け止め方が違う。

10年以上前、「女性にセックスを強要された」と話してくれた友人がいました。周りに打ち明けても、「セックスできてラッキーじゃないか」「据え膳食わぬは男の恥」などと、男の人ならではのとらえ方ですまされ、本人の気持ちは考えてもらえない。彼自身も、自分が性被害に遭ったとは考えていなかった。性暴力は女性が受けるもの、という社会通念の根深さを感じました。男性の性被害が「あること」、被害男性が「傷ついていること」が認知されていないのが現状です。

また男性は、女性以上に恥の意識から相談しにくいようです。自分が男らしくない、弱い人間になってしまったと感じたり、被害をきっかけに自分の性的指向がわからなくなってしまったりして、１人で考え込んでしまいます。

性被害の相談窓口は男性の訴えにも対応してくれますが、女性の相談が前提のところが多く、男性が声を上げにくい一因かもしれません。私たちのセンターは、最初は産婦人科の病院に事務所を置いたのですが、男性や子どもの被害に応じにくく、総合病院に場所を移しました。被害に遭った男性にはまず、「悩み過ぎないで。あなたは１人じゃない」と伝えたいです。

読者のモヤモヤ

女性の被害だけが認められる社会に疑問を感じます。男性もハラスメントを受けている。**男子トイレを女性作業員が清掃するのは、男性には気を使わなくていいとバカにされた気がします。**でも言いづらい。男性は言う人が少なく、「男なのに」とたたかれる不安も。男女問わず、嫌なことを主張でき、改善する社会にすべきです。（20歳　男性　大学生）

同僚らが男女がいちゃついている監視カメラの映像を喜んで見るのが気持ち悪い。**男なら性を楽しんで当然という思い込みが加害者も被害者も生む。**（48歳　男性　警備員）

レディースデーはあるのに男性にはない。一方、世の中で権限を握るのは男性。テレビなどで横行する「男のくせに」「女子力」。**私は息子2人に「男だから」とは言わないようにした。**不当な男女のあり方を成人前から正していくのも大切。（60歳　女性　薬剤師）

いろいろな悩みを抱えた人たちが集まるシンポジウムで
僕は女性恐怖症です女性に犯された経験から、女性が怖くなり…
30代前半くらいの男性
女の人が圧倒的に多いこの場で…勇気いっただろうな
しかし主催者である精神科医(男性)が
えー
なんで女が怖いのいいじゃない、女の人からそういうことされて
男だったらうれしいじゃないの
ラッキーと思わなきゃ〜
ドッ
ハハハハ
はぁ…いやぁ…
衝撃…!!
悩みを話す場
権威
辱め
アハハ
ワハハ
300人近い聴衆
男の人ってこんな風に笑われちゃうんだ…
ひどすぎる…
男性中心社会の笑いの空気…
男なんだから女とヤレたら得しかないだろ
ガッハッハ
そこにのせられて笑わない…それをやるしかない

9 性犯罪なぜ？ 問い続ける

性被害を告発する#ＭｅＴｏｏは、社会にどのような影響を与えたか。自らのレイプ被害を訴え、日本における#ＭｅＴｏｏのきっかけをつくったジャーナリスト伊藤詩織さんに聞いた。

伊藤詩織氏（ジャーナリスト）

変わったようで変わっていない

昨年5月に記者会見を開き、元ＴＢＳ記者から受けたレイプ被害を告発したところ、想像以上の批判や脅迫にさらされ、外出も怖くなりました。ロンドンの人権団体が「安全なところに身を置いたら」と提案してくれて、いまは主にロンドンで暮らしています。世界各地で#ＭｅＴｏｏがムーブメントになって約1年。日本は大きく変わったようで、あまり変わっていない、そんな風に感じます。

たとえば、スウェーデンは今年、同意を得ないセックスをレイプと規定する変革をしました。以前は、性犯罪と認められるには被害者が明確に同意していないことを示す必要があった。今後は、ＹＥＳを得なければ犯罪とみなされる。一方、日本では昨年、強姦《ごうかん》罪に代わり強制性交等罪に改正されましたが、犯罪とみなす要件に暴行・脅迫が残りました。実際の場面では、恐怖で体が固まって抵抗できなかったり、命の危険を感じてあえて従うふりをしたり、著しい暴行や脅迫に及ばなくても性犯罪が起こり得るのに、現実への想像力が足りません。

当初、メディアは私の発言をほとんど扱いませんでした。捜査当局が不起訴とした結論を重んじたのでしょう。司法の判断の経緯を検証し、疑問を突き詰めるのがジャーナリズムの姿だと思うのですが。誰に寄り添おうとしているのか、疑問を感じました。それでも＃ＭｅＴｏｏ以降、日本のメディアも少しずつ性を語るようになったのは進歩でしょう。

性被害をなくすため、やるべきことはたくさんある。一つは教育です。日本の性交の合意年齢は先進国の中でも低い13歳です。相手を尊重し、合意を形成する重要性をきちんと性教育の枠組みで扱ってほしい。暴力的な内容を含むアダルトビデオをまねて、相手を傷つける行為につながりかねません。性を普通に話せる環境になることを願います。

では、日本で性を語ることはタブーなのでしょうか。コンビニにポルノ雑誌が置かれるなど、女性を性的に扱うものは街中にあふれていて、アンバランスです。だからこそオープンに話せる場が必要です。

激しいバッシング

日本の社会は当たり前とされるものや、権威にＮＯを言いづらい。「仕方ない」と思考停止し、逆にＮＯを言う人に反発すら覚えてしまうのではないでしょうか。私は激しいバッシングにどう生きていけばいいのかわからなくなり、「人生を終わりにしよう」と考えたこともありました。でも、声を上げれば結局そういう末路をたどるんだ、と受け止められてしまう。立ち続け、話し続けなければいけないと思っています。

残念ながら、日本において＃ＭｅＴｏｏが「自分たちの問題」として幅広く共有されている実感はありません。性被害の訴えに感情移入できない男性もいて、ともに問題を考える難しさを感じます。パワハラを含む一切の暴力を許さない未来をめざし、「＃ＷｅＴｏｏＪａｐａｎ」の発起人に名を連ねています。

私は現在、性犯罪の加害者側の取材を少しずつ進めています。怖々ですが。彼らも社会の一員です。なぜそんな行為に及び、どうしたら過ちを繰り返さずにすむのか、考えていきたい。そこに一つのゴールがある気がしています。

それでも人生は続く

被害から3年もたつのに、いまもフラッシュバックが起こり、突然涙があふれます。後回しにしてきた心のケアを始めるべきかと治療法などを調べています。相手には一瞬のことかもしれないけれど、性被害は人間の根幹に傷を負わせる行為です。レイプが戦争の兵器として、あるいは民族浄化に使われていることも悲しい現状です。今後の自分の仕事を通し、こうしたサバイバーの声に耳を傾けたいです。

私は決して強くて勇気ある女性じゃない。へなちょこなんです。周りに、後ろに、痛みを理解してくれるたくさんの人がいる。心強いです。当初は顔と名前を出すことに反対した家族も、今は理解してくれています。私以外にも声を上げた人たちの存在が後押しになりました。

いつかは日本に戻りたい。家族や友達と普通に出かけ、普通に暮らしたい。一時帰国した今も地下鉄に乗るのは怖いし、家族に嫌な思いをさせるのではと行動を制限しています。でも、Ｌｉｆｅ ｇｏｅｓ ｏｎ．人生は続く。隠れたり恐れたりしないですむ日が来ると信じます。

いとう・しおり　１９８９年生まれ。主に海外メディア向けに映像ニュースやドキュメンタリーを発信している。著書に『Ｂｌａｃｋ Ｂｏｘ』（文藝春秋）。

お笑い芸人がテレビでこう言ってた
○○さん(女優)とは昔、コント番組をしていて
今思えばヒドいこともたくさんしてきました
あの頃のことを#Metooされたらオレ
終わりや!
ワッハッハッハ
男を倒すための女の切り札みたいになってる……
ギャフン
#Metoo
そういうことじゃないのに…
失脚
それでもやはり"被害"の体験をシェアしやすくなったと思います
私も子どもの頃 #Me too
コンビニでバイトしてるけど #Metoo
思い出した #Metoo
性暴力被害だけじゃなく
過去の虐待やパワハラ
客から店員に対しての横暴とかも
みんなが自分の被害体験を語り出した
Me too
Me too
Me too
Me too
これはスゴいことです!
主にツイッターで
自分の被害を自覚して言葉にすると
私はこれがつらかった
加害者にそれが加害と知らせられるし
!
自分自身が加害側に回ることも避けやすくなるからです
心理学で言われています

第5章

特別対談

酒井順子氏（エッセイスト）×村山由佳氏（作家）

「したい人」「したくない人」

～日本の女のセックス事情、百年前から現代まで

百年分の「婦人公論」に目を通し、近代日本女性の百年を考察した『百年の女』（中央公論新社）を上梓、『男尊女子』（集英社）等、女たちをうならせ続ける稀代のエッセイスト酒井順子氏。

性愛を大胆に繊細に描いた小説『ダブル・ファンタジー』『ミルク・アンド・ハニー』（ともに文藝春秋）など、女たちが抱える禁断を解き、その作品から垣間見える私生活も注目を浴びる村山由佳氏。

そんな「女性」のスペシャリストたちが、日本の女たちの性事情を赤裸々に語り合った。

百年たっても「したい」が言えない日本の女たち

村山　『オトナの保健室』を読んで、ああ時代は変わらないようでいて確実に進んでいるなと思いました。これがネットならわかるんです。ネットユーザーは比較的若い世代ですし、カジュアルなツールですから。けれど新聞の購読者層は年齢も社会性も高めの方が多いはず。その中でこれだけ踏み込んだというか、今までならば、「ないことにされてきた問題」を表へ引っ張りだしてきたというのは、それだけで意義のあることだと。驚きとともに感じました。

酒井　夫に「したい」と言ったら「お前は変態か」「俺は種馬か」となじられた……。そんな声を聞くと、全国津々浦々みなさんセックスレスに悩んでいたんだな、と。今どき、新聞を購読されている人って、真面目できちんとされている方が多いと思うんです。そういう人たちの心に、それこそ真面目にきちんと届いたのではと思いました。これを夫に読んでほしいと思った主婦がいっぱいいいるんじゃないでしょうか。

村山　「ここにあなたと同じような人（夫）が出てるわよ」って。私は変態なんかじゃないんだって言いたい主婦の方もたくさんいらっしゃると思うし。それと、セックスしたいのに、それが家庭内で叶えられないという苦しみと、もうひとつは、したくない人というのがこれだけいるというのも強烈でした。

酒井 それは〝夫とはしたくない〟わけですよね。

村山 そう。家庭内ではセックスレスだけど、婚外恋愛している人もけっこういて。

酒井 欲求の不均衡みたいなものがすごく問題なのだな、と思いました。

村山 こういう夫婦の性の問題って雑誌にはよく取り上げられていますが、女性の声がほとんど。でもここには男性の声も数多くありましたよね。妻からセックスを拒否されて7年、職場の同僚と関係を持ったら、妻にバレて、ものすごく泣かれて責められて、俺はどうすりゃいいいんだ……的な。こういう男性側の声を聞くのは興味深かったですね。

酒井 でも自分がこうしたいとかこうしてほしいという欲求を、みんな本当に相手に伝えられないのだなあ、と。自分もそうですけれど。それで驚くほど自分の中で悶々としてふいに爆発を起こして、不倫に走るという。何で日本の女性ってこんなに声を上げられないのだろうとすごく思いました。

村山 ほんと。酒井さんの『百年の女』もそうだし、『男尊女子』を読んでいても、「ああ、これは私だ」って思いますもん。もう生粋《きっすい》の男尊女子なわけですよ、私なんか。それこそ、自分のしたいことが言えない、どこが感じるのか言えない、そもそも欲求があることすら口に出せない。なぜなら「したい」と言ってしまったら男の人にひかれてしまう、男の人から欲しがってもらえる、かわいがってもらえる女でいようとする。その思考の癖みたいなものは女の歴史の中で培われ、連綿と続いていますよね。どれだけリブだ女は強くなったと言われようとも、まだその殻がお尻にくっついてる。『百年の女』を読むと本当によくわかります。すごいものを書いたな、酒井さん、と。

酒井　ありがとうございます。大正はもちろん昭和になっても、特に女性をとりまく人権意識は低いまま。昭和五十五年に吉行淳之介と宮尾登美子が「婦人公論」の対談で、「女というのは誰しも男性から殴られるなど酷い目に遭わされると気持ちいいものだ」みたいなことを語っていて、宮尾登美子も「それはある、女はみんな」なんて答えていて仰天します。それが次第に変わってきたのが、多分ここ十年、二十年。ポリティカル・コレクトネスの意識や、セクシャルハラスメントという言葉が浸透してきたことによって、女性の扱い方も、女性自身の意識もだいぶ変化したということが、本（『百年の女』）を書いていて、よくわかりました。

　ただ、そうなってからの方がみなさん失言を恐れて、きれいごとばかり言うようになり

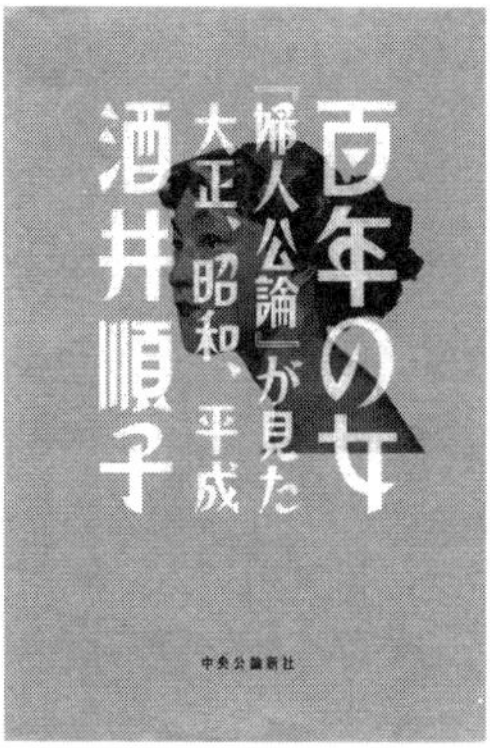

『百年の女
「婦人公論」が見た大正、昭和、平成』
（中央公論新社 2018年6月単行本化）

『男尊女子』
（集英社 2017年5月単行本化）

ましたよね。昔のほうがみんな伸び伸びとひどいことを言っていたので（笑）。これから先、みんなが口をつぐんでいったら雑誌なんかは面白くなくなるのかな、と。

村山 確かにね。表面化しないだけで……。

酒井 はい。問題は地下に潜っていくという感じがします。

非情で無情の「卒業顔」

酒井 昔は、「顔の醜い女は美人に負けないように学問をする」だの、したらしたで、「学問をした女は男性化して老嬢になる」だの、「ブスは結婚あきらめて仕事しろ」みたいなクラクラするような発言が、躊躇《ちゅうちょ》なくされていました。

村山 うわー。でも今だって口に出さないだけでそう思ってる男性は案外いるんだろうな。

酒井 昔の女学校では、美人は早々に見初《みそ》められて、卒業前に結婚しちゃうので、いわゆる売れ残ってきっちり卒業していく人のことを「卒業顔」と呼んだ、とか。

村山 卒業顔……って。身も蓋も……。

酒井 美醜に対するポリティカル・コレクトネス的な気遣いなど微塵《みじん》もなかったんですよね。容姿のみならず、男が上、女は下。年上のほうが年下より偉い。……などと、人間の上下をきっちりと決めていた。そのほうが家庭であれ、職場であれ、団体をまとめていくときにコントロールしやすいという思考が、明治に入り家父長制度がなくなっても、ずっと続いたのだと思います。戦後、女性にも選挙権が与えられ、ぐっと民主化はしたけれど、どれほど制度が変わろうとも、その感覚は今に至るまで、なかなか消えないのでしょうね。

村山　私は男女雇用機会均等法が施行された翌年に就職をした均等法の第一期生で、いわゆる総合職だったけれど、朝は男性より先に会社に行って、机は全部拭いて、お茶淹れて、というのが当たり前のような状態でした。

酒井　やれと言われてされていたんですか？　それとも自主的に？

村山　もう、そういうものなのだと思っていました。

酒井　私は村山さんより2歳下なので、均等法三期生ぐらいなんですけれど、机を拭くべきなのかどうなのか……すごく悩んだ末、微妙に拭いていました。絞りの甘いぞうきんで(笑)。

村山　ささやかな抵抗？　躊躇？

酒井　一般職の優しい先輩に「やらなくていいのよ」と言われ、一歩ずつ引いていったという感じでしたね。私のぞうきんの絞りがあまりにも甘かったからなのか、しなくていい、と。

村山　「酒井に机拭かれると、べちゃべちゃで書類が置けない」と(笑)。

酒井　村山さんは会社にお勤めされていたころ、セクハラとかありましたか？

村山　セクハラと感じたことなかったかもしれない。酒席では「気がきかない女だと思われたくない」と、普通にじゃんじゃんお酌もしてた。私、今でも覚えてますけど、まだ何も知らない若いころ、村上龍さんにワインを注ごうとして、「女の人はワインを注いじゃだめだよ」って、たしなめられたんですよね。

酒井　お商売の女性がすることだよ、みたいな。

村山　そう。そこで初めて教わったくらい、とにかくお酒といったら女性がお酌するものだと思っていました。私より後の世代になると「なぜ女だけが？」という違和感や怒りが出てきたりするんでしょうけれど、むしろそういうことをあまり感じない最後の世代だったかもしれないですね。お茶もお酌も刷り込まれていましたね、そんなものだ、と。

酒井　おじさんたちの「※※ちゃん、今日もかわいいね」的発言も「私の容姿を褒めている。興味があるんだな」みたいに前向きに受け取っていたような気がします（笑）。でも今なら、それは多分セクハラですよね。

村山　言われた相手が不快に感じれば。

酒井　セクシャリティに関係することはグレーゾーンが多くて、そこがむずかしいところですね。

村山由佳氏
1964年東京生まれ。93年『天使の卵―エンジェルス・エッグ』で小説すばる新人賞受賞。2003年『星々の舟』で直木賞受賞。09年『ダブル・ファンタジー』で中央公論文芸賞、島清恋愛文学賞、柴田錬三郎賞を受賞。

セックスもストーリーを

酒井　『ミルク・アンド・ハニー』堪能させていただきました。『ダブル・ファンタジー』の先の世界があったんだ、と。

村山　子どもを産んだお母さんが、こんな痛い思いはもう二度とするものかと思っても何年か経つと痛みも忘れて次の子産むみたいな、そんな気持ち？（笑）。当時は相当しんどかったはずなのに……。でも最近はずいぶんと叩かれ慣れてきて。『ダブル・ファンタジー』以前は、村山由佳というのはさわやかな青春小説の書き手で……。

酒井　ピュアで……。

村山　せつなくて、ナチュラルで……そういう誰も傷つかない形容詞がつくようなものばかり

酒井順子氏
1966年東京生まれ。高校在学中から雑誌にコラムを発表。広告会社勤務を経て執筆専業。2004年『負け犬の遠吠え』で婦人公論文芸賞、講談社エッセイ賞を受賞。現代世相の分析から古典エッセイまで著書多数。

だったんですけれど、でもちょっと窮屈な服を着ているみたいな気持ちにもなってきていたし、「私、このまま歳をとって白髪になっても胸きゅんの小説書いているんだろうか……」って。やっぱり読者といっしょに歳もとりたいし、もっと人間のどろっとしたところも書いてみたいという思いの中、じゃあ真逆なことをやってみよう。自分の中にあるけれど封印していた部分を表に出してみようと思ったのが『ダブル・ファンタジー』です。
出した当初はきっと男性から「ふしだらだ」だの「淫乱か」だの、非難囂々《ひなんごうごう》いろいろ言われるのだろうと想定していたんです。でもフタを開けてみたら女性からの批判の声が圧倒的に多くて。女性が自分の中の欲求と向き合い、解放していくという、ときにそれは倫理も踏み越えて……みたいなストーリーに対し、同じ女性からここまで叩かれるとは思っていなかったですね。「こんなのは村山由佳じゃない、二度と読まない」というファンの方も半数はいたと思います。何しろ叩かれ慣れていなかったもので、ものすごくへこんだんです。よせばいいのに2ちゃんねるとか……。

酒井　見ましたか。

村山　見ちゃった。だけどさんざんボロカス言ってるんだけれど、その悪口雑言《あっこうぞうごん》が必ず連載後（「週刊文春」に掲載）にあがる。え、毎週読んでくれてるの？　もしかして好きなんじゃないの？　って（笑）。
その一方で、「自分ができなかったことを書いてくれた」という小さな声が上がりだした。そういう声がひとつでもあったなら、その後ろにはもっとたくさんの同じ声があると思えたんです。その実感が、支えになりました。

酒井　『ミルク・アンド・ハニー』を書いているとき、きっと村山さんは、とても楽しかったんじゃないかな、と、ふと思ったんですけど。勝負下着をつけて書かれていたとか、いないとか。

村山　あ、それですか（笑）。毎回じゃないんですよ。でもそうやって気合入れるときもありました。楽しいんです、やっぱり。持っている技術は使いたくなる、みたいなね。それこそセックスと同じかもしれないですけれど。それが得意な分野の描写ならばスキル、スペック総動員して駆使してやろうじゃないみたいな気になります。

酒井　『ミルク・アンド・ハニー』の連載を妻が読んでいると、夫から「そんないやらしいものなんか読んで」と非難された、という読者からの投稿を（「週刊文春」で）読みました。でも妻は「いやらしいものなんかじゃない。私は情愛とか性愛の世界を楽しみたいんだ」と心の中で反論した、と。やっぱり女性たちはみな性愛の果てにあるものへの希求というか、手の届かないものを手にしたくて、村山さんの作品を読むんですよね。私も含めて。ときめきとエロの両方が欲しいんです、と。

村山　女性はストーリーが必要ですよね、恋愛はもちろん、セックスも。ＡＶにだって女性用にはちゃんとしたストーリーがある。この人と結ばれる必然性というものがあって、初めて女は深く感じるという、ね。そこは物理的快感が優先される男性とは明らかに違うところです。『ダブル』も『ミルク』も男性読者のレビューでよく書かれているのが、「こんなんじゃ立たない」（笑）。それはもう立つわけがない。彼のイチモツはころんとしていて健康な犬のフンを連想した……みたいなことを書いちゃってるわけですから。

酒井　「サイズはそれほど大きくない」……と、冷徹に。

村山　だから男性を立たせるための小説では決してなく。だけど女性が気持ちよく没頭できるだけの恋愛ものかというと、これがそうでもなく。けっこう痛い女が主人公ですから。当時、大ベテランの女性編集者に「読者層が見えない。誰にむかって書いているのかわからない」と言われたこともあったんですけれど、予想に反して（刊行以来）ここ九年コンスタントに読まれてきて、ドラマ（2018年6月　WOWOWプライム　主演・水川あさみ、田中圭ほか）にもなってということを考えると、見えない〝誰か〟は思いのほか多くいて、表面的なところにはあ

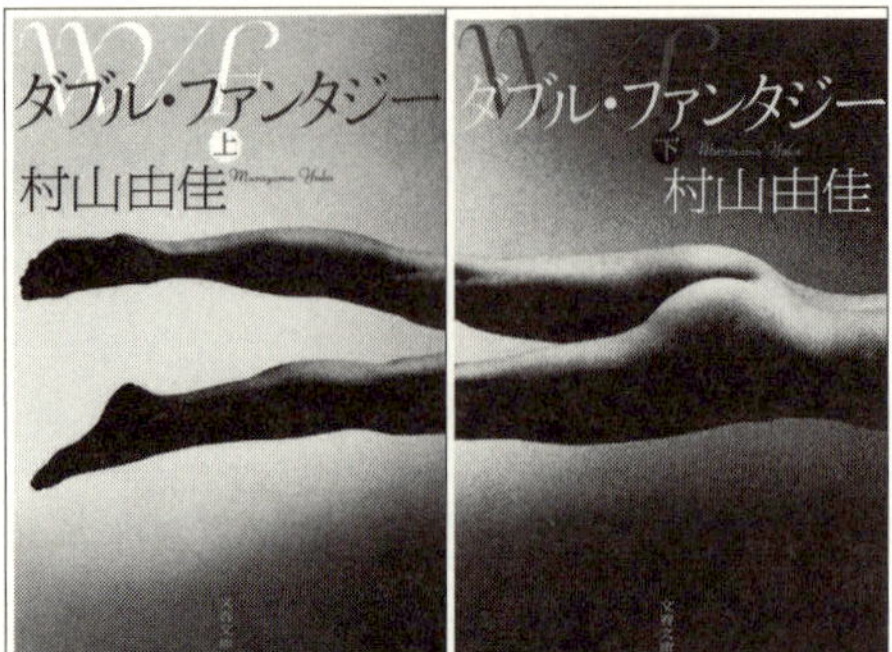

『ダブル・ファンタジー』上・下
（文藝春秋 2011年9月文庫化／2009年1月単行本化）

『ミルク・アンド・ハニー』
（文藝春秋 2018年5月単行本化）

られてこない女の声がもっと奥深くに存在するんだなと思いました。それがこういう匿名性の高い、性の問題に本気で取り組んでいる新聞や「婦人公論」などにもようやく出てきたのかなと。

みんな「かつえて」いる？

酒井　多分、その〝誰か〟や小さな声の持ち主たちは、延々とイッたフリを続けてきた人たちだと思うんですね。

村山　まさに。はい、挙手（笑）。

酒井　感じたフリ、イッたフリはみんな当然のようにしていたことで、こんなもんだと思っていたことを村山さんの小説で、ちょっと待て、その先があるのよ、と教えてくださった。

村山　どうやらあるらしいと（笑）。

酒井　パンドラの函が開いてしまった。ただ、メディアには婚外恋愛を楽しんでいる人が、多くの事例として出てくるけれど、恋やセックスをしたいという希望者が全員しているわけではなく、主婦の友だちの話をきくと、なんかもうみんな、かつえて（飢えて）いるんですよ。

村山　かつえて（笑）。飢えるよりもうひとつ深い感じがします。

酒井　なにせ相手が見つけられない。出会い系のネットを利用している人もいるのでしょうけれど、それはレアケースですし、相当な勇気がなければ登録できないですよ。だからみんな恋したい、セックスしたい、忘我の境地を見てみたいと思いながらも、結局は何もできないでいるという人がほとんどだと思います。

村山　興味はあっても今の生活を捨てたいわけじゃないとか、子どもがいるしとか、守るものが多いと、そこへ踏み出すのには相当な勇気と覚悟が必要だろうなというのはわかります。

酒井　家庭の安寧は壊したくないんだけれど、ときめきとセックスが欲しい。これはセフレが欲しいということなのでしょうが、そのセフレのつくり方がわからない。

村山　セフレはともかく、多分、いいなと思う人とことをいたそうと思うから難しいんですよ。最初からよくなくていいのに、別に。

酒井　え？　そうなんですか？　でも小説を読んでいると運命的な出会いみたいな、松田聖子的なビビビなものが……。

村山　後づけ（笑）。いたした後なら、あのときビビビがあったんだ！　って脳内変換ができる。

酒井　してから変えていく、と。それを聞いて、なんかちょっと安心しました（笑）。

村山　そんなすてきな人ばっかりあらわれるわけじゃなくて、もちろん個人差はあると思いますけれども、体を重ねてしまうと、いちばん動物的な部分を許したことになるので、そこに情がうまれるというか湧いてくるんです、必ずしもではないけれどね。

高校生のころ、英語の副読本、確かパール・バックだったかな？「恋愛をすると相手のことをクリスタライゼーションする」という表現が載っていたんですね。結晶化する、偶像化するという意味です。実際よりキラキラとよく見える、見ようとする、と。どうも私を例にとっていうならば、その相手と何かが起こっても不思議ではない状態になると、まずクリスタライゼーションしているようで。

酒井　とはいえ一定の足きりはあるんじゃないですか。

村山　たしかに、足きりはある（笑）。ありますが、「あの人ならいい！」と思える人としか恋愛しないと限定してしまうと、チャンスは激減します。「そんなに嫌じゃないかも」レベルまで視野に入れるとチャンスはかなり増えるという、至極当たり前のことをお伝えしておこうと。第一印象、第二印象もぜんぜんピンとこなかった人でも、すっ飛び越えてそういう関係が始まってしまうと、案外いいところあるかも……という場合もあり得るし。

酒井　もっとカジュアルでいいと。

村山　万人にお勧めはしませんけどね。

酒井　面倒くさいことはイヤなのだけれど、ときめきと肉体的な満足感をみんな求めていますよね。

村山　お互いの家庭を壊すような類の面倒くささはパスしたいというのはすごくよくわかるんですけれど、ちょっと幻想があるなと思うのは、それがセフレにせよ、恋人にせよ、愛人にせよ、持つとやっぱり面倒は増えるんですよ、絶対。家に対して、夫に対して、子どもに対しての罪悪感とか……。
隠し事への罪悪感がまったくないという人はむしろ珍しいと思うし、自分の身辺にも気をつけなくちゃいけない、脇が甘くなってバレるようなことがあってはいけない、と、いろいろと気苦労は増える。
酒井　家庭生活を継続したいのであれば、隠すことは最低限のマナーだと。
村山　偉そうなことは言えないんですけど、そういうところ下手くそで（笑）。でももう本当にしんどいから。ああいうときの男のプライドの面倒くささといったら。それまでの生活であれだけプライド捨てておいて、この期《ご》に及んでプライドとか沽券《こけん》かよ、というくらい本当に面倒くさい。それはかなりのリスクです。だから本当は婚外恋愛はお勧めはしないですね。失いたくないものがある方にはちょっとリスクが高すぎると思うので。

いくつになってもウブな女が喜ばれる

酒井　でも村山さんの恋愛事情って、普通の主婦からみたら相当うらやましいのではないかと。
村山　うそ。私、ほら、男の人、立てちゃうから。
酒井　そこにまたギャップ萌え。

村山　ものすごい悪癖だと思う。『男尊女子』の中で、「私はいつも男性に自主的にフェラチオする」と言ったお嬢さん育ちの友人がいて、酒井さん「それはダメー！」って叫んだと書かれていたじゃないですか。それを読んだとき、今日は私も酒井さんにいっぱい「ダメーっ！」って叫んでもらいたいと思って。あはは。

酒井　その子は幼稚園から大学まで女子校暮らしのクリスチャンで、あまりに無垢《むく》というか。もう奉仕と慈愛の精神で「あら、どうして？　してさしあげるとみなさん喜ぶわよ」みたいな感じだったんです（笑）。その世間知らずは「ダメーっ！」と。

村山　そりゃ喜ばれるでしょう（笑）。

酒井　でも、こと日本男児相手の性行為においてはアウトですよね。「こ、この女どんだけ……」と、性交時は喜ばれても、その先のお付き合いという部分では、絶対にひかれる。

村山　ウブは何歳でも遅くない。

酒井　「こんなの初めて」という発言は、女性が何歳でも通用するらしい、です。

村山　やっぱり日本の男性は従順で受容的な女性が好きだから。

酒井　だから男性は女性の感じたフリやイッたフリを演技かなと思っても「それ演技だろう？」とは決して言わない。たとえ整形美人であっても、今、美人に見えればそれでいいみたいなもので、イッたという言質《げんち》が取れれば真実であろうがなかろうが殿方は満足するのであるな、って。

村山　そうですね。

酒井　何か演技合戦というところもありますよね。ベッドの上で腹のうちをさらけ出し合うと、うまくいかなくなったりするかもしれぬ……いいことない感じ。

村山　男の人もよほど女性経験豊富な人であればともかく、女性がイッたかどうかなんてわからないですよね。なぜならみんな女性に騙されているから。それでも光源氏願望はあって、俺が育てて女にしたみたいな欲望が男性にはあるんでしょうね。

酒井　女性もそれをわかっているから、ウブなフリをする文化というか習性がある。でもフリを続けているとぶすぶすと不満がくすぶってきて、どの段階で本当の自分を出せばいいのだろうとまた悩む。

村山　最初のうちは相手がいとおしいから、イッたふりをしてあげる部分もあっただろうけれど、それにずっと騙されている男性を見ていると、だんだん軽視が始まるんです（笑）。

セックスレスの原因は長寿と畳文化？

酒井　私、この本でも多く取り上げられているセックスレスの問題については、さんざん考えたんです。それこそ女たちが百年以上も変わることなく抱えてきた悩みで。でも、多分解決方法ってないんですよ。私たちの寿命が延びちゃって、昔なら三十年くらいで終わっていた夫婦生活が、今や五十年以上続くわけです。その中で飽きずにセックスしろというのは無体というか、もう生物学的にも無理なのではないかと思います。

村山　なるほど。

酒井　あと、ふと思ったのが日本の靴を脱いで家に上がるという文化が、もしかしたらセックスレスを招いているのではと。日本人にとって靴を脱ぐという行為は「素」の自分をさらすというか、そこには気取りも構えもなくなりますよね。だとすれば裸足でペタペタと歩く生活はセクシャルな気分を感じるには難しい空間であろうし、夫婦というものは結婚当初から色気のない関係に向かっていくんじゃないかって。

村山　家は家族がくつろぐ場所。

酒井　はい。男も女も素足で家の中を歩くという生活は、裸で歩くのとあまり変わりないのかもしれないという気もします。

村山　足ってセクシャルなパーツですものね。フェチも多いし。

酒井　例えばホテルでセックスするときは、いよいよセックスが始まるという段階で靴を脱ぎますよね。あと中国の纏足《てんそく》も、靴を脱がせて布をはずすときが淫靡《いんび》というか、いちばんたまらんときなんだとかいいますし。足先も実は〝秘部〟で、性にとって重要な役割があるのかなと。

村山　うち、靴脱がない家です。

酒井　やっぱり‼

村山　でも前の人とはそれでもレスになっちゃったんですよね。なんでだ（笑）。でも足や靴が性を象徴するというのはなんとなくわかります。ちなみにここだけの話（笑）、うちの今の人は私が家に帰ると、靴を脱がせて足の匂いを嗅ぐのが趣味なんです。私はものすごく恥ずかしいんだけどそれがいいんだって……。

酒井　ああ、いやらしい（笑）。

村山　付き合った女の中でも、そこを嗅げたり、口をつけられたりというのは限られていたと言うんですね。欲しくもない女の足など絶対嗅ぎたくないという。だから足先に何かが宿っているというのはわかる気がします。この間、作家仲間の千早茜さんがうちに遊びにきていたときに、彼がわざとそれをやったんですよ。すぐ隣にいた千早さんがぎゃーっと立ち上がって、「何やってるんですか。私がいるんですよ」と。そうしたら彼がギロリとにらんで、「お前の家やない」って（笑）。

酒井　確かにそうなんです、が（笑）。

村山　あとセックスレスは趣味嗜好もそうですが、パートナーとの性欲差、温度差があって、その差を埋めるには話し合ってもどうにもならないものもありますよね。簡単に言ってしまえば相性といわれるもの。

酒井　これがなかなかわからない。

村山　そう、わからない。だって結婚前はこの人とだったら、心も体も飢餓状態にはならないはずと思って結婚したら半年でもう……というのも二回くらいありました。

この本にも掲載されていた投稿ですが、あの手この手で自分がしたいという気持ちを夫に伝えたけれど夫には「僕はもう店じまい」と拒まれ、これ以上の哀願は夫への精神的強姦になると思うから、女をあきらめることが彼への愛情だ、という女性からの声がありましたよね。これ、悲しいですよ。本当に悲しい。

でもやっぱり埋まらない温度差はどうしたってある。そうかと思えば七十代になっても、このまま夫以外知らない体で死ぬのはイヤだといって、セックスする相手がいるという女性もいる。男だから女だから、若いから高齢だからじゃなくて、性的な欲求ってパーソナルで百人百様。淡泊だけれどずっと静かに燃え続ける人もいれば、濃厚なままある日ふっと消えちゃう人もいる。夫婦間のセックスはかくあるべきという基準が、そもそもあるかのように思われていることが、みんなの苦しみの根源になっている気がするんです。そんなもの、本当はないのに。

日本男子のガラスの性欲

酒井　でも性欲の強弱？　濃淡？　でいえば、日本の男性の性欲は何かガラス細工のような繊細さじゃないですか。だからイッたフリもしなきゃならないし、女から求めるのではなく求められているという〝態《てい》〟をとらなきゃいけないという……。

村山　男を立てる、ですね。

酒井　なんで日本人の男性がそんなに繊細なのかはわかりませんが、それがセックスレスの最大の原因になっているんじゃないでしょうか。とはいえ、そういう男性に対して「性欲持ちなよ」とどんなに言ったところで、ない袖は振れないだろうし、女性がセクシーランジェリーをつけたぐらいじゃ解決しないわけですよね。

村山　それで成功した例を私は知らない。って酒井さん、書いてましたよね。私も知らない（笑）。

酒井　ただここ百年変わらぬ問題とはいえ、小説なんか読んでいると明らかに昔の日本人のほうが性欲は強かった。もうしょっちゅうやってる。一週間くらいのご無沙汰で「もうこんなにしていない……」って、『恍惚の人』に書いてありました（笑）。

村山　高齢者の性の問題というのも増えてくるんでしょうね。だって平均寿命がここまで延びて、我々はいまだかつて経験したことのない状態を生きているんですから。

酒井　自分が二十代のころは、五十代が性欲だのセックスだのと言うことが、ちょっと気持ち悪いと思ってましたけど、今や自分たちが、そのど真ん中です。最近、お昼の安い時間にラブホテルに行く高齢のカップルが多く、ビリヤードなんかしながら楽しげに部屋が空くのを待っていたりしている、という話を聞いたんですけれど、そうなれたら幸せだと思いました。多分、七十代なんてあっという間にやってきて。そのときそんなふうにあっけらかんと屈託なく楽しめたらいいなと思いますね。この本にも七十代で同級生の恋人と月一回ラブホへ……っていう投稿がありましたよね。八時間くらいイチャイチャしている、と。今や五十代の体に戻ってるんじゃないかっていう。その一方でお互いあまりセックスが好きではない夫婦もいて、完全にレス状態。でも関係は良好でお風呂もいっしょに入り、外に出るときは手をつなぎ……。でも本人がそれで満たされているのなら、その人たちにとってはセックスのうちなんじゃないかと思うんです。

村山　いくつになっても触れ合い方ってありますよね。上野千鶴子さんも書かれてましたが「セックスの定義が狭い。みんなインサートにとらわれている」「愛されるって尊重されることだ」って。それこそ私自身、前の旦那さんとずっとセックスレスだったときに、挿入が欲しいとは思わなかったんですよ。それがないから苦しいんじゃなくて、お互いの間に慈しみ合うスキンシップがないということが何よりショックで悲しかった。それがハグする、キスする、手をつなぐというのでも十分だったかもしれない。やはり「好き」

「大切」という気持ちをお互いに伝え合う瞬間がないと関係はむなしくなる。どこまで行ったとしても他人ですから。

酒井　あとはもう、ほんと他人と比べないこと。くれぐれも村山さんとかと比べないように（笑）。

七十代で出会うかもしれない恋と性

村山　でも私も本当に諦めようと思っていたんですよ。やっぱりねストーリーが欲しいの、いくらハードルを下げ、まずはおしゃべりをしてみましょうかと、ふやかしたとしても、でもそこには自分がわくわくできるストーリーや、自分を豊かにしてくれる関係性が生まれるという確率はかなり低いといわざるを得なくて。やっぱり男女というものはこのようにむなしいものなのか、どこまで行っても一人なんだ……と。埋まらない孤独と寂寥《せきりょう》感を抱えて、「もういい歳なんだから」って自分に言い聞かせていたんですよ。でもたまたま私は自分を締め切る前に、「体以上に心が満ち足りる関係」を築ける相手と出会えた。こんなことも人生にはあるんだというのが降ってきましたけど……。

酒井　『ミルク・アンド・ハニー』の武さん。

村山　ええ。現実でもリアル武さんが降ってきましたけれど、そうとうレアというか特殊例だとは思うんです。でも特殊例ではあるけれど、諦めなかったから出会えたので（笑）。

酒井　諦めないことが大切なんですね。

村山　諦めて楽になる人もいる。中には諦めないと楽になれない人だっていると思うのだけれど、まだ諦めたくないと思っているのならば、どんなサプライズが起きるかわからないし、それは自分の想像とは違う形で降ってくることだってある。はしたないとか、もうこんな歳だからとか、そういう自分に枷《かせ》をはめる形の諦めかたはしないでいいんじゃないかな。それこそ、七十になろうと八十になろうと。

今、パーソナリティーをやらせていただいてるラジオ（NHKFM　毎週日曜・午後11時30分～『眠れない貴女へ』）にときどき投書してくださる方がいて、その方は八十代の男性なんですけれど、昔好きだった三つ年下の彼女とお互いに連れ合いを亡くした形で再会して、また恋をした。今とても幸せだって。郷里に戻ってこんなことが降ってくると思いませんでしたという。だから人生っていうのはなかなかどうして面白いものなんじゃなかろうかと。

酒井　私の知り合いにタイガー・ウッズみたいな性豪親子がいるんですよ。父、息子そろって性豪なんですね。あるとき性豪父のところに花柳界の粋なおばあちゃんから「私は七十代なんだけれども、もう死ぬまでセックスしない人生だと思うととても気持ちが暗くなるので、最後のセックスを私としてほしい」と頼まれたそうなんです。その性豪父はその気持ちを受け止めて快諾。ちゃんとしたそうなんです。とても感謝されたと。私、そういう関係性もいいなと思ったんです。

村山　うん、すごく素敵。

酒井　性豪父の行為に、ノブレス・オブリージュ的なものを感じました（笑）。

村山　「高貴なる者の義務」。素晴らしいね。

酒井　自分のしたいことをちゃんと伝えるって、日本の女性は得意ではないけれど、大事なことだなと。それには相手を見極めるということも必要ですよね。

経済的自立と不倫

村山　あとこの本でも多くの声が上がっていた不倫の問題。昨今、有名人の不倫会見が相次いでマスコミが大騒ぎしていますが、人様のセックスやプレイに他人がああだこうだと口を挟むのは本当に野暮、よけいなお世話だなあと思います。倫理的にはバレなければいいというと語弊がありますが、どうしても不倫するなら家の人たちを傷つけないようにするのが最低限のマナーでしょうし、バレたとき謝るのも身内にだけでいい。

ただ本当に性の問題というのは家庭ごとにルールがあっていいと思うんです。

最初の旦那さんなどは、私が良い作品を書くために必要なら外で恋愛してきていい、セックスしてきてもいい、それはそれで自分は受け入れるし、本当に平気だよと言う人だった。そういう考えでうまく回る家庭や夫婦もあると思うんです。私の場合は夫の許可のもとでする恋愛は恋愛じゃないと思ったのでうまく回りませんでしたが。でもなかにはそんな物分かりのいい旦那さん、最高じゃない？　という人もいるだろうし。だから、互いが本当に納得して、傷つけ合うことにならないのなら、私はいいんじゃないかと思います。
　お子さんがいる家庭だと、そんな夫婦のもとで育つ子どもがかわいそう、と、いきり立つ方もおられるでしょうが、子どもの目には触れないようにしてやればいいこと。親たちが互いに尊重しあっている姿や空気は子どもにも伝わると思います。

酒井　不倫に限らず、セックスレスの問題についてもそうなんですけれど、相手と籍を入れないと、案外いいですよ。

村山　酒井さんのように？

酒井　そう。

村山　なるほど。それはそうかもしれない。

酒井　籍を入れないと、相手にそう過大な期待はしなくなるし、単なる男と女が一緒にいるだけなので、夫婦たるものこうあるべき、みたいな像も意識しないですみます。そうなると比較もあまり意味がなくなるだろうし、たとえ他の人と恋愛しても、それは不倫ではないのでは？　みたいな。相手が既婚者なら不倫ですが。結婚や入籍という縛りがないことが逆に余裕につながるところがあるような気がして。まあ、子どもがいたらそう簡単にはいかないかもしれないですが、そういう手はひとつあるかなと。

村山　ただそれには双方が経済的に自立していることが前提にありますよね。

酒井　そうですよね。お互いの世界をある程度きっちり持っている者同士が生活をともにする、ということ。

村山　それは大前提ですね。以前、「日経WOMAN」の「妹たちへ」というエッセイコーナーに書いたことがあるんですけれど、私はちょうどその頃、最初の夫と別れたくて家を出たばかりだったこともあって、「とにかく自分で自分の食い扶持を稼げ」と、まるで自分に言い聞かせるかのごとく書いた覚えがあります。自立していないと人生の選択を迫られるような場面がめぐってきたとき、すごく不自由になってしまう。

　子どもを産んだばかりだとか、身体的なことや何かの事情があって働きたくても働けない人たちもいるので、一概には言えないことなんですが、でも、いつからでもどこからでもなんとしてでも「自立」へ近づくよう行動することで、自由度は格段と高くなると思います。「それは仕事を持ち、食い扶持を稼いでいる強者の理論だ」と、言われるのかもし

れませんが、その気持ちもよくわかります。でも、わかった上で、それでも言いたいんです。
酒井　自立はこの百年をみても、いつだって女たちの喫緊の課題だと思います。
村山　ここ百年、女たちの不倫に何か大きな変化はありましたか？
酒井　今も昔も、する人はする。どの時代でも珍しいものではないですよね。個人的にもうちの母が奔放な人だったので、私の刷り込みとしても、女性に婚外恋愛の願望があって当然、という思いがあります。不倫願望は老いにも若きにもあり、男にもあれば女にもある、ものだと思っているんです。もう、ずーっと。
村山　お母様のこと、いやじゃなかったですか？
酒井　はい。多分、同性だから理解できたのでしょうね、夫婦であっても、夫以外の人とデートしたり、恋したりというのは、それは楽しいでしょうよと思っていて。異性の親だったらいやな気持ちを持ったかもしれませんが。
村山　逆にうちは父がずっと外に女の人をつくっていて、母はその愚痴を延々私に言い続けていたん

ですね。さっきの話にもつながることなんですけれど、私が「大人になったら絶対に自分で仕事を持って、ひとりでも生きていけるようになるんだ」と思ったのは母の姿を見ていたからなのかもしれないなあ、って。私は心情的には父にすごくシンパシーを感じていたので、父の浮気に関しては、お母ちゃんがああだからしょうがないと思っていたところがあったんです。

ある晩、母が家出をするというパフォーマンスをしたことがあって、もうちゃっかりオーバーを着こんでて、ちゃんとトイレも済ませてる。母がトイレに入っている間に、父が私を起こしに来て「母ちゃんをとめてくれ。お前が言うたらとめられる」と。なので、一世一代の芝居みたいに、わざと裸足で砂利道を駆けて〝お母さん行かないで〟的なことをやってみた。そうしたら母が「お母ちゃんには出て行く自由もないのんか」と言って帰ってきたんです。ああ、いま彼女は家出を思い留まる理由ができてほっとしてるに違いない、とすごく冷めた目で見ながら「だって、あなた、何も仕事していないんだし、どこにも出て行けるわけがないじゃない」と思っていたんですね、私。それが「自分は絶対仕事を持つ」と思ったいちばんコアな部分だろうと。

酒井　わかります。うちの母親も専業主婦だったので、恋愛騒動のときに離婚ができなくて。「だから、あなたは仕事を持ちなさいね」と言われていました。

村山　お母様、離婚したかったということ？

酒井　せざるを得ないような修羅場になったものの、ひとりになっても生きていけないということで離婚できなかった。でも不倫する人って自己を正当化するところがありますよね。「あんなお父さんなんだから、私に好きな人ができてもしょうがないでしょう」なんて母に言われ「う、うん」みたいな。今思うと、それを子どもに言っちゃいけないなと。
　でもまあ、これが絵に描いたような和気藹々《わきあいあい》な家庭だったら、私は物書きにはならなかったかもしれないとは思います。

酒井　そうですね。

村山　物書きって、やはり何かしらの鬱屈があって……というのはありますよね。

酒井　この鬱屈に名前をつけてやる！　みたいなものが小説だったりするのかと。

村山　この不幸……面白い、みたいな。

酒井　そう。一方で幸せになってしまうことへの恐怖感ってありました、ずっと。最初の結婚のとき、鴨川（千葉県）の田舎で暮らしていたんですが、刺激からシャットアウトされた平穏な生活を続ける中で、書けなくなっていったという部分がありましたから。三十代で、老後というか定年退職後に憧れるような生活をしていたら、やっぱり書けることがなくなっていくんです。トルストイでしたっけ？「幸福な家庭はみな同じように似ているが、不幸な家庭は不幸な様もそれぞれ違う」って。幸福的なものってすごく簡単に名前がつけられちゃうんですよ。

村山　かたや不幸のバリエーションたるや……。

酒井　ね。

酒井　こういう新聞や雑誌に投稿されている主婦のみなさんも、投稿している時点でちょっと昇華している気がするんです。「書く」ということの放出感……。
村山　書くってそこなんですよ。カタルシスみたいな。
酒井　朝日（新聞）に「ひととき」（1951年開始）という女性投稿欄ができたことによって、女性の間で投書ブームが起きたそうなんですけれど、それもやっぱり一般の女性たちの中に溜まりに溜まっていたものを出せる受け皿ができたという喜びがあったんだと思います。

東京オリンピックはピンチかチャンスか

村山　今後、日本のセックス事情ってどうなると思いますか？
酒井　私はわりと悲観的かもしれません。これから日本人の性がどんどん豊かになっていくというのが想像つかないですね。今後、揺り戻し現象が果たして起きるものなのか……。なにかハプニングでも起こらないと。今、移民問題とか出てきていますが、ラテンの男性たちがどっと押し寄せるとかすると変わるのかな。
村山　それはそうかもしれない。だって前回の東京オリンピックのときに日本の男たちは戦々恐々としたわけでしょ。日本の女たちは海外の男たちになびいてしまうかも……と。

酒井　敗戦後に占領軍がやってきたとき、大量のパンパンと呼ばれる娼婦たちがあらわれました。そのときの恐怖心とショックが残っていたので、初のオリンピック開催で国際化しようというときに「外国人に同胞女性を奪われるのでは……」と、恐怖再び。日本男児たちはやっぱり自分に性的な自信がないから外から男たちがやってくるときに、びくびくしてしまうのかも……。

村山　でも、びくびくは必要かも。実をつけない、花をつけない木に花を咲かせて実をつかせようとするときって、根っこをスパっと切るんですね。一種の危機感を与えるとぶわーっと花を咲かせ、実をつけるという。

酒井　今回の東京オリンピックで、そのびくびくが蘇るのでしょうかね。

村山　逆にどうぞどうぞ、僕たちには荷が重いので、みたいな（笑）。

酒井　全体的に見ると、女性のほうがいたしたくてゼイゼイしていて、男性は一歩も二歩も引いていくイメージがあるので「どうぞどうぞ」になるかもしれないですね。

それと、不謹慎かもしれませんが、天変地異の後に結婚するカップルが増えたりなど、危機的なことが起きたときにお互いの存在の重要性を認識しますよね。大停電の十カ月後に子どもが多く生まれるとか。ハプニングがきっかけになる感じ。

村山　ハプニングといえば、やっぱりツールが充実しすぎるとハプニングは起こりづらくなりますよね。昔は待ち合わせするにも北口と南口、出口ひとつ間違えたらその日はデートできなくなり、ひいてはセックスできなくなるわけですよ。でも今はＬＩＮＥでいつでも連絡がとれる。

酒井　たしかにのべつまくなしLINEで連絡を取り合っていたら、そこから性欲がちょっとずつ漏れ出ていくかもしれないですね。

村山　「会えなくても、ま、いいか」「なんか気が済んだ」ってなっちゃいませんか。セクシャルなサイトも気軽に見ることができて……。自家発電してから会ったら相手に欲情しませんよ。

酒井　エロが醸成される時間がない。

村山　そう。秘められたものがないとエロスは生まれにくいですよ。そう考えると規模の大小はとにかく、カンフル剤的なハプニングがない限り無理かな。あれば大丈夫とも言えないけど、ない限り無理かもしれませんね。

心のドアを開けて待つ

酒井　みうらじゅんさんと対談したとき、男の人を「立てる」というのは、「勃てる」と同義なんだ、と伺いました。それを聞いたとき、ナルホドと膝を打つと同時に「これからずっと立て続けなくてはいけないのか」と、ちょっとした絶望を感じました（笑）。

村山　はなからダブルミーニングなのね。

酒井　そうやって日本女性はこの百年、二百年変わらずにきたわけですよね。

村山　女性の奉仕と過保護がガラスの性欲を作り上げちゃったという、ね。あと、女性同士の、助言と言う名の呪いってあるじゃないですか？　クソバイスでしたっけ？　物のわかった女性ほど「男性なんてものは手のひらで転がせてやればいい。しょせん子どもなのだから」みたいに言うけど、それって、そうでも思わないとやっていけないっていう人が自分を落ち着かせるための呪文だったはずなのに、今や、人に対する呪いになってる気がするんです。そこまでしてやらないと立たない男（笑）。

酒井　やはり、そこ。

村山　そう。そんなことしないと保てないプライドならその辺に折って捨ててやれと思うんですが、思うのに、やっぱり立ててるという……。

酒井　中高年女性でセフレがいたり恋人がいたり、セックスをしている人を見ると、自分から行っている人たちですよね。待っているだけでは、もうなにも来ない。

村山　自分から一歩踏み出せみたいなアドバイス

を受けると「カーンチ、セックスしよ」みたいなものか？　と思いがちですが、それは絶対に違う。ドア開いてるよっていう目をすればいいだけなの。

酒井　ほほー（きらり上目使い）。

村山　誰も来ないわ、と思ってる女性は自分の中のドアがガチガチに閉まっていることに気がついていないですよ。だからまず自分からドアを開ける。繰り返しになりますけど、あの人素敵！　という人じゃない人にもとりあえず開けてみる（笑）。開いてるよ、ご自由にって。自分からは行かなくていいんです。

酒井　納得です。きれいな人でも、ドアを閉じている人はしていません。

村山　あと、ちょっとだらしない感じの女性のほうがなぜか……。

酒井　そう。ちょっと不潔っぽいほうがモテる。

村山　今、『風よ　あらしよ』という伊藤野枝を題材にした小説を書いているんです（集英社『小説すばる』にて連載中）。資料を読んでいると男性からは魅力的だと評されていますが、女性たちからの評は最悪。何か臭かったとか、フケが落ちてたとか、汚かったとか、さんざん。

酒井　髪なんかぼさぼさのほうがいいんですよね。

村山　やっぱり、そこ？

酒井　与謝野晶子、ぼさぼさですよね。

村山　乱れ髪（笑）。

酒井　だから鉄幹は飽きなかったのでは。私、いつも髪をきっちり結んでいるじゃないですか。これってほぼ剃髪《ていはつ》だなって思うんですよ。書くときに顔にかかったりするのがイヤで、ほとんどちょんまげ結ってるみたいな状態。

村山　剃髪とちょんまげですか。たしかに隙がない（笑）。

酒井　というわけで、女性の豊かな性生活のためには、なんか髪ぼさぼさにして、ドア開けとけ……みたいなまとめになっちゃいましたが。

村山　え、総括それ？

酒井　ええ、そうなるかと。

村山　そんなまとめでいいのか（笑）。でも相当そそりますよ、それ。

酒井　じゃ、まずはちょんまげおろします。

構成　稲田美保
撮影　冨永智子
協力　セルリアンタワー東急ホテル

おわりに

セックスと新聞は、あまり相性が良くありません。世にあふれている言葉なのに、この4文字を紙面に載せることについて、新聞の編集現場は、読者の皆さんが想像する以上に臆病です。老若男女、誰にでも開かれている新聞はいわばパブリックスペースであり、その場で〝シモ〟の話は……という肌感覚は、私もいつの間にか持ち合わせていました。

一方で、個人の尊厳ある生き方を考えるうえで、性愛は大きなテーマとしてクローズアップされてきています。夫婦や恋人同士といったパートナーシップの視点だけではなく、「私は何者なのか？」と自らのアイデンティティーを見つめるうえでも、セックスは重要なキーワードです。

お手にとっていただいている「オトナの保健室」は、セックスと新聞、両者の間に横たわる暗くて深い川に橋を架けようという大胆な試みで、夕刊（東京本社版と大阪本社版）の「女子組」と題する面にいまも月1回掲載しています。女子組面は、女性の共感が得られる紙面づくりを目指していて、「オトナの保健室」の前シリーズ「オンナの保健室」では妊活や生理、体毛、ダイエットなどを取り上げてきました。

3年前、「オンナの保健室」に続く企画を考えているとき、記者の間で話題に上ったのがセックスレスでした。既婚者の半数近くがレス、国際比較でも日本の男女の頻度は最下位——。そんな調査結果が注目されていました。「セックスレスを通じて、男女の関係のいびつさ、掛け違いの根深さを浮き彫りにしたら面白いのでは」「女性の心と体にとって大事な課題なのだから、やるべき」。記者たちは盛り上がり、「オトナの保健室」がスタートしました。

伝える意義があると確信してはいるものの、新聞では前代未聞の企画です。どんな荒波が待ち構えているか、とおずおずと船出したところ、読者の皆さんから大きな反響をいただきました。ご意見や体験談が続々と寄せられ、セックスレス編は1年にわたって続きました。その後も不倫、#MeTooとテーマを変えつつ、一人ひとりが個として尊重し合える性のありようについて、様々に意見を交わしてきました。

それぞれの投稿には、セックスにまつわる悩みや戸惑い、喜びがつづられていました。読ませていただくたび、言葉にできる場所が求められていたことを実感しました。自分はこうありたい、パートナーとはこんな関係を結びたい、紙面は女性の本音であふれました。記事を学校の授業でテキストに使っている、しっかり取材した新聞の記事だからこそ安心して教材にできる、そんな声も届きました。皆さんの賛意が後押しになり、社内でも「オトナの保健室」への理解が広まっていったと感じています。

セックスを語るには、まだまだためらいが伴います。紙面には取材した記者の署名を必ず載せているのですが、これには、もっと前向きにしゃべってみませんか、というメッセージを込めています。この大胆な企画に名前を明記して臨んでくれた、河合真美江、中塚久美子、伊藤舞虹、藤田さつき、長谷川陽子、机美鈴、田中陽子、山田佳奈、小若理恵、杢田光の各記者に感謝します。

書籍化の声をかけていただいた集英社の今野加寿子さんには、大変お世話になりました。「オトナの保健室」が書店に並ぶ日が来るなんて、望外の喜びです。ありがとうございます。

セックスは人の根っこにつながるテーマですし、一筋縄ではいきません。ゆえに、興味深くもあります。言葉にしてみる、伝えてみる。性に素直に向き合える生き方を、これからも読者の皆さんと一緒に考えていきたいと思っています。

朝日新聞大阪本社生活文化部次長　桝井政則

〈初出〉

第1章から第4章は、朝日新聞夕刊（東京本社版／大阪本社版）「女子組・オトナの保健室」（連載中）の記事（2015年4月21日～ 2018年9月18日／デジタル版を含む）をもとに、インタビュー、コメント、対談、朝日新聞読者の方々からの投稿で構成、編集しました。

なお、第5章は、あらたに取材し構成したものです。

オトナの保健室《ほけんしつ》　セックスと格闘《かくとう》する女《おんな》たち

2018年10月30日　第1刷発行

著　者　朝日新聞《あさひしんぶん》「女子組《じょしぐみ》」取材班《しゅざいはん》
発行者　茨木政彦
発行所　株式会社集英社
〒101-8050　東京都千代田区一ツ橋2-5-10
電話　編集部 03-3230-6143
読者係 03-3230-6080
販売部 03-3230-6393（書店専用）
印刷所　凸版印刷株式会社
製本所　ナショナル製本協同組合

ISBN978-4-08-788006-9 C0036

男尊女子

酒井順子

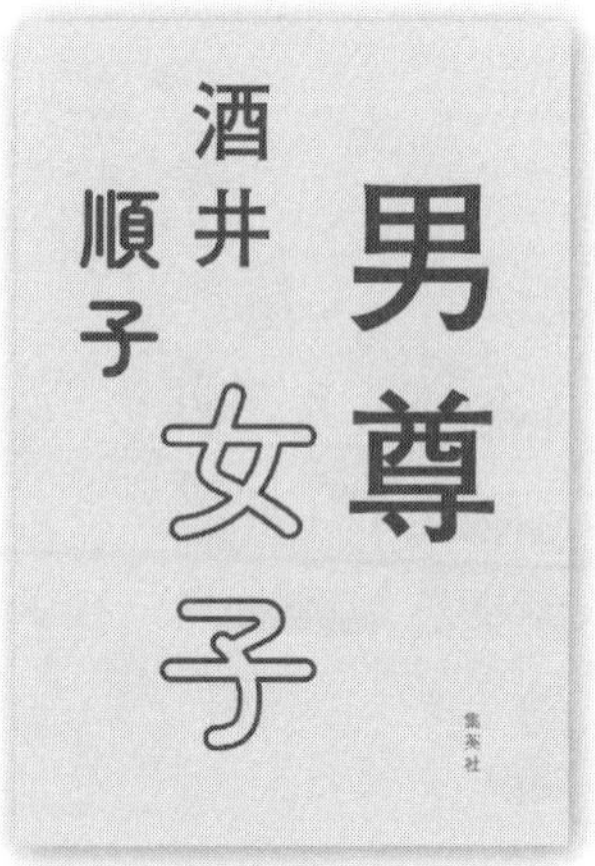

平等は幸せ、か。
女性の中に根深く巣食う、男女差別意識を炙り出す。
「男のくせに」と思ってしまう人、必読のエッセイ。

集英社